Annegret Jöhnk

Dänisch neu

Ein Sprachkurs für Jugendliche
und Erwachsene

Arbeitsbuch

D1617923

Max Hueber Verlag

Dieses Werk folgt der seit dem 1. August 1998 gültigen Rechtschreib-
reform. Ausnahmen bilden Texte, bei denen künstlerische, philologische
oder lizenzrechtliche Gründe einer Änderung entgegenstehen.

4.	Die letzten Ziffern
2003	bezeichnen Zahl und Jahr des Druckes.

Alle Drucke dieser Auflage können, da unverändert,
nebeneinander benutzt werden.
1. Auflage
© 1998 Max Hueber Verlag, D-85737 Ismaning
Verlagsredaktion: Stephen Fox, München
Umschlaggestaltung: Grønne Studie, København
Zeichnungen: Dorte Karrebæk, Ålsgårde
Druck und Bindung: AZ Druck und Datentechnik GmbH, Kempten
Printed in Germany
ISBN 3–19–015255–1

Das vorliegende Arbeitsbuch gibt Ihnen Gelegenheit, den Lernstoff des Lehrbuches *Dänisch neu* weiter einzuüben und zu vertiefen.

Es enthält zu jeder Lektion folgende Einteilungen:

Tipps zum Sprachenlernen

Hier finden Sie in den ersten zehn Lektionen Anregungen zum effektiveren und angenehmeren Lernen.

Anmerkungen

In diesem Abschnitt finden Sie ergänzende Bemerkungen und Erklärungen zu den einzelnen Lehrbuchabschnitten. Das sind u.a. Informationen zur Landeskunde und zum Sprachgebrauch. Besonders wichtig ist dieser Teil für Sie, falls Sie eine versäumte Kursstunde zu Hause nachholen müssen.

Zur Grammatik

Hier können Sie die Strukturen und Regeln zu den grammatischen Hauptthemen der Lektion nachlesen. Denken Sie daran, dass sich hinten im Arbeitsbuch schematische *Übersichten zur Grammatik* befinden. Dort finden Sie ebenfalls eine *Liste mit unregelmäßigen Verben*. Eine *Übersicht* der in *Dänisch neu* verwendeten *Grammatikbezeichnungen* finden Sie auf den Seiten 6–7.

Übungen

Hier werden die mündlichen Übungen des Lehrbuches durch schriftliches Material ergänzt. Die Übungsaufgaben sollten erst nach der Durcharbeit der Lektion im Lehrbuch erfolgen.

Ganz wichtig sind die letzten drei Übungen des Übungsabschnitts. Hier finden Sie ein *Hör- und Aussprachetraining*, das Sie mit Hilfe der zum Lehrwerk gehörenden *Cassette/CD* absolvieren.

Anhang

Im Anhang befinden sich der **Schlüssel** und eine **Grammatikübersicht**.

Im Schlüssel finden Sie zur Eigenkontrolle zu jeder Übung die Lösungen oder Lösungsvorschläge sowie die vollständigen Texte der Hörverständnis- und Ausspracheübungen.

Die Grammatikübersicht bietet Ihnen eine thematische Zusammenfassung der Grammatik des Lehr- und Arbeitsbuches.

Wir wünschen Ihnen viel Erfolg und Spaß beim Dänischlernen.

Autorin und Verlagsredaktion

Inhalt

Verwendete grammatische Fachausdrücke

Adjektiv	Eigenschaftswort: ein **gelbes** Haus
adjektivisch	wie ein Eigenschaftswort vor einem Hauptwort
Adverb	Umstandswort: Sie singt **gut**.
Aktiv	Tätigkeitsform: Lone **tapeziert**.
Artikel	Geschlechtswort: **ein, eine, ein, der, die, das**
Demonstrativpronomen	hinweisendes Fürwort: **dieser, jener**
Genitiv	2. Fall: die Tochter **des Hauses**
Hilfsverb	Zeitwort, das bei der Bildung von Zeitformen gebraucht werden kann: **haben, sein, werden**.
Imperativ	Befehlsform: **komm(e)!**
Imperfekt	Vergangenheitsform: ich **kam**
Infinitiv	Grundform: **singen, kommen**
Inversion	„Umkehrung" der Satzgliedfolge: **Ole kommt** morgen. – Morgen **kommt Ole**.
Komparativ	1. Steigerungsstufe bei Adjektiven: groß, **größer**
Konjunktion	Bindewort: **und, aber**
Konsonant	Mitlaut: **b, g**
Modalverb	Zeitwort, das die Art und Weise eines Geschehens bezeichnet: Lene **kann** schwimmen.
Objekt	Satzergänzung: Lone liebt **ihre Tochter**.

Partizip	Mittelwort: **gekommen**
Passiv	Leideform: Die Tochter **wird geliebt**.
Perfekt	Vollendete Gegenwart: Sie **hat gegessen**; sie **ist gekommen**.
Personalpronomen	persönliches Fürwort: **ich, wir**
Plural	Mehrzahl: **Autos**
Possessivpronomen	besitzanzeigendes Fürwort: **mein, unser**
Prädikat	Satzaussage: Ole **wischt** Staub.
Präposition	Verhältniswort: **unter, mit**
Präsens	Gegenwartsform: ich **komme**
Pronomen	Fürwort: **er, sie, es**
Relativpronomen	bezügliches Fürwort: ein Buch, **das** ich kenne
Reflexivpronomen	rückbezügliches Fürwort: *Bente* wäscht **sich**.
Satzadverb	Umstandswort, das sich auf den ganzen Satz bezieht: **immer, vielleicht, nie**
Singular	Einzahl: **Auto**
Subjekt	Satzgegenstand: **Lone** liebt ihre Tochter.
Substantiv	Hauptwort: die **Tochter**
substantivisch	wie ein Hauptwort
Superlativ	höchste Steigerungsstufe bei Eigenschaftswörtern: **am größten**
Verb	Zeitwort, Tätigkeitswort: **kommen, singen**
Vokal	Selbstlaut: **a, e, u**

Lektion 1

Tipps zum Sprachenlernen

Sicher hat Ihnen die erste Unterrichtsstunde Spaß gemacht.

Für ein erfolgreiches und angenehmes Lernen ist es wichtig, dass Sie sich auch zu Hause mit der dänischen Sprache beschäftigen. Hier ein paar allgemeine Tipps für das Lernen zu Hause:

- Vollziehen Sie das im Unterricht Gelernte zu Hause nach. Sehen Sie sich die aktuellen Lehrbuchtexte - also die Texte, mit denen Sie sich im Unterricht gerade beschäftigen - immer wieder an und lesen Sie sie laut. Je öfter, desto besser, denn durch das häufige Wiederholen prägen sich Ausdrücke und Redewendungen ein.
- Hören Sie sich die Lehrbuchtexte (zu erkennen an den entsprechenden Symbolen) auf der Cassette/CD an.
- Arbeiten Sie die Übungen im Arbeitsbuch durch. Anhand des Schlüssels hinten im Buch können Sie selbst überprüfen, ob Sie alles richtig gemacht haben. Schreiben Sie mit Bleistift. Dann können Sie das Geschriebene ausradieren und die Übung später wiederholen. Falls etwas verkehrt sein sollte, nehmen Sie noch einmal das Lehrbuch zur Hand und versuchen Sie, sich Klarheit zu verschaffen. Oder fragen Sie Ihren Kursleiter/Ihre Kursleiterin bei der nächsten Gelegenheit.
- Je öfter Sie sich mit dem Lernstoff beschäftigen, desto besser. Es brauchen nur jeweils 15 Minuten zu sein - am besten täglich. Nur kurz vor der Unterrichtsstunde bringt nicht viel!
- Optimal wäre es, wenn Sie täglich eine bestimmte Zeit für Ihr Dänischprogramm reservieren könnten.

Anmerkungen

In jeder Lektion finden Sie in dem Abschnitt „Anmerkungen" ergänzende Bemerkungen und Erklärungen zu den einzelnen Lehrbuchabschnitten. Das sind u. a. Informationen zur Landeskunde oder zum Sprachgebrauch. Sicher ist Ihr Kursleiter/Ihre Kursleiterin im Unterricht bereits darauf eingegangen, aber so können Sie es zu Hause nachvollziehen oder auch nacharbeiten, falls Sie einmal eine Kursstunde versäumen mussten.

zu 2

Im Gegensatz zum Deutschen fragt man nicht „Wie heißt du?", sondern „Was heißt du?" (*Hvad hedder ...?*)

zu 3

Mit navn er ... ist etwas formeller als *Jeg hedder ...*

zu 4

Hej und *dav* sind die in der Alltagssprache am häufigsten und zu jeder Tageszeit verwendeten informellen Begrüßungsformen.

Godmorgen wird im Gegensatz zum Deutschen nur am frühen Morgen gebraucht. Beim Verabschieden sagt man *hej* oder *farvel*, am Telefon auch *hej-hej*.

zu 5
Kleine Wörter sind oft wichtig:

også	auch
ikke	nicht
heller ikke	auch nicht

zu 6
Eine kleine Eselsbrücke:

han	Hahn
hun	Huhn

Sicher ist Ihnen ein Satzbauschema wie auf S. 11 im Lehrbuch zunächst etwas fremd. Aber es stellt für Sie eine Hilfe dar und zeigt Ihnen, wie Sie Sätze bilden (bauen) können. Sehen Sie sich folgendes Beispiel an, dann werden Sie das Prinzip schnell erkennen:

Jeg	*kommer*	*(ikke)*	*fra Tyskland.*
	er	*(også)*	*fra Hamburg.*
			...

Nehmen Sie immer ein Wort aus jeder Spalte (beliebige Reihenfolge).
Auf diese Weise lassen sich z. B. folgende Sätze bilden:

Jeg kommer fra Tyskland.
Jeg kommer ikke fra Tyskland.
Jeg kommer også fra Tyskland.
Jeg er fra Tyskland.
Jeg er ikke fra Tyskland
Jeg er også fra Tyskland
Jeg kommer fra Hamburg.
Jeg er også fra Hamburg.
Jeg er ikke fra Hamburg. usw.

Die Reihenfolge der Sätze ist beliebig.

Wenn sich drei Punkte (...) in einer Spalte befinden, können Sie an dieser Stelle andere Wörter (ggf. Ihre eigenen Daten) einsetzen, z. B.

Jeg kommer fra München.
Jeg kommer fra Schweiz.

Zur Satzbildung finden Sie in der Grammatikübersicht am Ende des Arbeitsbuches weitere Hinweise.

zu 8
Beim Vorstellen einer oder mehrerer Personen wird der Satz mit *Det er ...* eingeleitet:

Det er Arne!
Det er Jens og Anne.

Det er ... wird auch gebraucht, wenn man auf etwas zeigt oder hinweist (deutsch: „Das ist ...").

zu 10
Æ, Ø und Å (*æ, ø, å*) sind Buchstaben, die es bekanntlich im Deutschen nicht gibt. Sie stehen am Ende des dänischen Alphabets. Dies zu wissen ist für Sie von praktischer Bedeutung, wenn Sie etwas im dänisch-deutschen Wörterbuch oder z. B. in einem dänischen Telefonbuch nachschlagen wollen.

In älteren Texten wird *å* oft wie *aa* geschrieben, heute nur noch in Eigen- und Ortsnamen.

Die deutschen Umlaute ä, ö und ü kommen im Dänischen nicht vor. Sagen Sie am besten *tysk æ, ø* und *y*, wenn Sie ein deutsches Wort oder einen deutschen Namen buchstabieren, z. B. Müller: *m - tysk y - dobbelt l - e - r.*

zu 12

Es ist in Dänemark üblich, beim Verabschieden für das Zusammensein zu danken, z. B.:

Tak for i aften!
Danke für den heutigen Abend!

Reaktion:

Selv tak!
Selbst vielen Dank!

Zur Grammatik

Sie haben sicher schon gemerkt, dass im Lehrwerk „Dänisch neu" die Grammatik kein Lernziel an sich darstellt, sondern vielmehr als Unterstützung beim Lernen dient. In jeder Lektion werden nach den Anmerkungen die grammatischen Strukturen der Lektion zusammengefasst und erläutert. Zu den Hauptthemen, wie z. B. Verben, gibt es tabellarische Übersichten hinten im Arbeitsbuch.

Personalpronomen

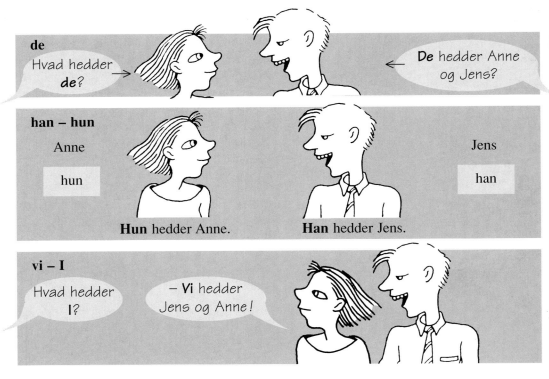

Anredeformen

Du als Anredeform wird im Dänischen weitaus häufiger gebraucht als im Deutschen, besonders von jungen Leuten. Man kann sagen, dass es heute allgemein die übliche Anrede ist.

De als höfliche Anredeform wird vor allen Dingen von älteren Menschen gegenüber Erwachsenen, die sie nicht kennen, angewandt.

De wird immer dann gebraucht, wenn man erwachsenen Personen gegenüber besonders höflich sein will.

Als Deutscher sollte man abwarten, wie man von einem Dänen angesprochen wird, ob mit *du* oder *De*, und dann entsprechend reagieren.

Verben: Präsens

Die Präsensform ist bei jeder Person gleich und hat normalerweise die Endung *-er* oder *-r*. Dies gilt sowohl für Hilfs- als auch für Vollverben. Sehen Sie selbst:

z. B. das Hilfsverb *være* (*være* ist der Infinitiv von *er*):

jeg	*er*	ich bin
du/De	*er*	du bist/Sie sind
han/hun	*er*	er/sie ist
vi	*er*	wir sind
I/De	*er*	ihr seid/Sie sind
de	*er*	sie sind

z. B. das Vollverb *komme*:

jeg	*kommer*	ich komme
du/De	*kommer*	du kommst/Sie kommen
han/hun	*kommer*	er/sie kommt
vi	*kommer*	wir kommen
I/De	*kommer*	ihr kommt/Sie kommen
de	*kommer*	sie kommen

Groß- und Kleinschreibung

Vieles ist im Dänischen einfacher als im Deutschen. So werden fast alle Wörter klein geschrieben. Einige der wenigen Ausnahmen kennen Sie bereits: *De* als Anrede und das Personalpronomen *I*. Namen werden natürlich ebenfalls groß geschrieben.

Übungen

1
Üben Sie nach folgendem Muster:

Margrethe Hansen, Århus: *Hun er fra Århus.*

Arne Sørensen, Odense: *Han er fra Odense.*

Üben Sie mit lauter Stimme.
1. Kirsten Hansen, Ålborg
2. Dennis Jensen, Århus
3. Jan Hansen, København
4. Charlotte Bek Møller, Ribe
5. Birthe Johansen, Odense
6. Hans Andersen, Kalundborg
7. Flemming Olsen, Nykøbing
8. Grethe Jørgensen, Nyborg

2
Ergänzen Sie die nachstehenden Dialoge:

a.
A: Hvor kommer du _____?
B: _____ kommer fra København.
Og _____ kommer du fra?
A: Jeg _____ fra Odense.

b.
A: Goddag. Mit _____ er Hanne Olsen.
B: _____. Hvor _____ De fra, fru Olsen?

A: Jeg er _____ Ålborg.

B: Ålborg! Jeg er _____ fra Ålborg.

3

Antworten Sie:

1. Hvad hedder du? _____
2. Hvor kommer du fra? _____
3. Goddag! _____
4. Dav! _____
5. Farvel! _____
6. Tak for i aften! _____

4

Was sagen Sie, wenn …

1. Sie jemanden, den Sie nicht gut kennen, am Nachmittag begrüßen?
2. Sie jemanden treffen, den Sie gut kennen?
3. Sie sich für etwas bedanken?
4. Sie erzählen, woher Sie kommen?
5. Sie Ihren Namen angeben?
6. Sie Ihren Freund Peter einer dritten Person vorstellen?
7. Sie sich verabschieden?
8. Sie sich für einen netten Abend bedanken? (am selben Abend)

5

Übersetzen Sie und tragen Sie die Wörter ins Kreuzworträtsel ein:

1. (ich) komme
2. guten Tag!
3. ich
4. wo
5. Sie (Anredeform)
6. du
7. guten Abend!
8. auch
9. von, aus
10. nein
11. danke
12. was

6

Sie werden in einem Wirtshaus in Kopenhagen von einem Dänen angesprochen. Wählen Sie die richtigen Erwiderungen zu seinen Äußerungen.

1. Däne: Hej!

   Sie: ❑ a. Goddag.
   ❑ b. Godmorgen.
   ☑ c. Hej!

2. Däne: Hvor kommer du fra?

   Sie: ❑ a. Hun kommer fra Wien.
   ☑ b. Jeg kommer fra Wien.
   ❑ c. Han kommer fra Wien.

3. Däne: Jeg hedder Tom.

   Sie: ❑ a. Mit navn er Madsen.
   ☑ b. Jeg hedder Heinrich.
   ❑ c. Jeg hedder hr. Schmidt.

4. Däne: Og det er Arne!

   Sie: ❑ a. Hvor er Arne?
   ☑ b. Hej!
   ❑ c. Hvad er Arne?

7

Ergänzen Sie den Dialog mit folgenden Wörtern:

på - fra (5x) - i

_____ en campingplads

A: Hej!

B: Hej!

A: Er du også _____ Danmark?

B: Nej, jeg kommer _____ Tyskland.

A: _____ Tyskland! Du er vel nok god til at tale dansk!

B: Tak!

A: Hvor _____ Tyskland kommer du _____?

B: _____Stuttgart.

8

1

In der folgenden Übung kommt es darauf an, den gesprochenen Text so weit zu verstehen, dass Fragen dazu beantwortet werden können. Sie müssen den Text also nicht in allen Einzelheiten verstehen. In jeder Lektion finden Sie eine solche Übung, die trainieren soll, die wichtigsten Informationen aus gesprochenen Texten herauszufiltern.

Mehrere Personen treffen sich in einer Jugendherberge. Hören Sie sich das Gespräch an und beantworten Sie die Fragen:

1. Woher kommt Ingo?
❏ a. München
❏ b. Düsseldorf

2. Woher kommt Karen?
❏ a. Århus
❏ b. Ålborg

3. Woher kommt Hanne?
❏ a. Troense
❏ b. Odense

Bitte beachten Sie:
Die Lösungen zu den Übungen sowie den vollständigen dänischen Text der Hörverständnisübung finden Sie am Schluss des Arbeitsbuches im *Schlüssel*.

9 2
Aussprache: Wortbetonung

Der erste Schritt zur richtigen Aussprache ist die richtige Wortbetonung, aber das ist im Dänischen kein großes Problem, da die Betonung ähnlich ist wie im Deutschen. Hören Sie sich die folgenden zweisilbigen Wörter aus Lektion 1 an und kreuzen Sie an, ob die erste Silbe (○ o) oder die zweite Silbe (o ○) betont wird.

	1.	2. Silbe
hedder	❏	❏
tale	❏	❏
kommer	❏	❏
Århus	❏	❏
Ålborg	❏	❏
Nyborg	❏	❏
farvel	❏	❏
goddag	❏	❏
også	❏	❏
hotel	❏	❏
camping	❏	❏
undskyld	❏	❏

Als Faustregel für die Wortbetonung können Sie sich merken, dass man <u>dänische Wörter auf der ersten Silbe betont</u>, während in Lehnwörtern, Fremdwörtern und Neubildungen die Betonung auf anderen Silben liegen kann. Im Deutschen ist es ähnlich; denken Sie an *Vorname*, *Zimmer* (Betonung 1. Silbe) und *Kontor*, *Friseur* (Betonung 2. Silbe).

10 3
Aussprache: Wortbetonung und Satzbetonung

Genauso wichtig wie die richtige Wortbetonung ist die richtige Satzbetonung.
Hören Sie zu und sprechen Sie nach. Versuchen Sie, die Betonung und die Satzmelodie möglichst genau zu treffen. Dabei sollten Sie sich nicht scheuen, etwas zu übertreiben.

Godmorgen!
Godaften!
Jeg hedder Torsten.
Hvad hedder du?
Mit navn er Søren Mørk.
Det er Arne.
Jeg kommer fra København.
Kommer du også fra Tyskland?

Tipps zum Sprachenlernen

Versuchen Sie so oft wie möglich, sich in das Dänische einzuhören.
Hören Sie sich die Lehrbuch-Cassette/CD mit den aktuellen Lektionstexten und die Hörübungen im Arbeitsbuch jeweils am Ende der Lektion an, z. B. im Auto im Stau oder zu Hause beim Bügeln. Sprechen Sie soviel wie möglich nach – und immer laut. Falls Sie Gelegenheit dazu haben, sehen Sie sich dänische Fernsehsendungen an oder hören Sie dänisches Radio. Auch wenn Sie am Anfang wenig verstehen werden, bekommen Sie doch ein Gefühl für die Satzmelodie und die Satzbetonung, also für den Klang der Sprache. Wie wäre es, wenn Sie sich von Ihrem nächsten Dänemark-Aufenthalt eine CD mit dänischen Liedern oder Popmusik als Souvenir mitbrächten?
Der direkte Kontakt zu Dänen ist natürlich die optimale Lernhilfe und macht am meisten Spaß. Denken Sie daran, wie nett es klingt, wenn ein Däne Deutsch spricht, und scheuen Sie sich deshalb nicht, im Umgang mit Dänen Ihr neu erlerntes Dänisch auszuprobieren. Die Dänen werden sich freuen – und falls nicht alles ganz richtig sein sollte: gemeinsames Lachen macht Spaß und schafft Kontakte. Sie lernen die Sprache ja erst, und deshalb muss nicht alles korrekt sein!

Anmerkungen

zu 1, 2 und 3
Generell gibt es zwei Möglichkeiten, sich nach dem Befinden eines anderen zu erkundigen: *Hvordan går det?* und *Hvordan har du det?* (Wie hast du es?)
Die letztere Möglichkeit wird eher angewandt, wenn man wirklich erfahren möchte, wie es jemandem geht, und erfordert eventuell eine längere Antwort. Die Übergänge im Sprachgebrauch – ob die eine oder die andere Redewendung gebraucht wird – sind fließend und auch regional verschieden.

Beachten Sie: Die Antworten *Tak, det går meget godt!* und *Tak, jeg har det meget godt!* bedeuten nicht etwa „Danke, mir geht es <u>sehr</u> gut!", sondern „Danke, mir geht es <u>ganz</u> gut!", also nicht besonders gut.

zu 5
Vergleichen Sie mit dem Deutschen:

> *Hvad hedder du til efternavn?*
> Wie heißt du <u>mit</u> Nachnamen?
> *Hvad hedder fru Olsen til fornavn?*
> Wie heißt Frau Olsen <u>mit</u> Vornamen?

zu 7
Die Telefonnummern in Dänemark bestehen immer aus 4 Zweiergruppen, z. B. 75 36 41 16. Die ersten beiden Ziffern geben das Gebiet an.

In dieser Übung geht es jedoch darum, die Zahlen 0 – 20 zu üben. Deshalb werden hier die Zahlen einzeln diktiert.

Der Ausdruck *for eksempel* (zum Beispiel) hat im Dänischen zwei Abkürzungen: *f.eks.* und *fx*.

zu 8

„Bankospil" ist eine Zahlenlotterie wie Bingo.

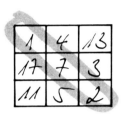 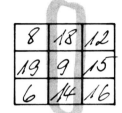

Spielregel:
Jeder Teilnehmer trägt Zahlen zwischen 1 bis 20 in beliebiger Reihenfolge in die neun dafür vorgesehenen Felder ein.
Der Kursleiter ruft Zahlen zwischen 1 bis 20 in ebenso beliebiger Reihenfolge auf und notiert sie zur Kontrolle für sich.
Die Teilnehmer kreuzen die aufgerufenen Zahlen an, wenn sie bei ihnen vorhanden sind.
Sobald ein Teilnehmer eine vollständige Reihe mit angekreuzten Zahlen hat – sei es waagerecht, senkrecht oder diagonal – meldet er sich mit dem Ausruf „*banko!*" und hat gewonnen. Zur Kontrolle muss er seine Zahlen vorlesen.
Bei weiteren Spielen übernehmen Teilnehmer die Rolle des Spielleiters.

zu 11

Bei Straßennamen mit *...gade* sagt man:

Han bor i Storegade.
Lise bor i Skolegade.
Det er i Havnegade.

Bei Straßennamen mit *...vej* heißt es dagegen:

Han bor på Fasanvej.
Hun bor på Stationsvej.
Det er på Kirkevej.

zu 12

Die Wendung *Jeg har travlt* bedeutet so etwas wie „Ich bin stark beschäftigt" oder auf Neudeutsch „Ich bin im Stress" und ist daher im heutigen Dänemark sehr wichtig.

Achten Sie darauf, wie der Däne in diesem Dialog immer *du* sagt, der Deutsche dagegen *De*.

zu 13

Værsgo

Værsgo bedeutet „bitte", der Sprachgebrauch ist aber anders als im Deutschen. Man verwendet *værsgo* immer dann, wenn man etwas reicht, anbietet oder zu Tisch bittet, es ist also eher ein „bitte sehr". Die Antwort lautet: *Tak!*
In Lektion 6 lernen Sie, wie man „bitte" wie in „Sprechen Sie bitte langsamer" ausdrückt.

Danken

Tak   Danke!
Tak skal du ha'!   Vielen Dank!
(Sagt man, wenn *tak!* allein zu kurz erscheint.)
Ja tak!   Ja bitte! / Ja gerne!
(Sagt man, wenn man etwas angeboten bekommt und es möchte.)
Nej tak!   Nein danke!
(Sagt man, wenn man das Angebotene nicht möchte. *Tak* kann hier nicht allein stehen.)

Zur Grammatik

Kurzantworten

Bei Fragen, die mit einem <u>Vollverb beginnen</u>, enthalten die Kurzantworten immer *det gør ...*, z. B.

> *Hedder* du også Hansen?
> – Ja, *det gør* jeg. (Ja, das tu ich.)
> *Kommer* du også fra England?
> – Nej, *det gør* jeg ikke. (Nein, das tu ich nicht.)
> *Går* det godt?
> – Ja, *det gør* det. (Ja, das tut es.)

Bei Fragen, die mit einem <u>Hilfsverb beginnen</u>, wird in der Kurzantwort das Hilfsverb wiederholt, z. B.

> *Er* du også fra Danmark?
> – Ja, *det er* jeg.
> *Har* du det godt?
> – Ja, *det har* jeg.

Artikel: *en – et*
Substantive

- *En* und *et* sind **unbestimmte Artikel**.
- Die dänische Sprache unterscheidet mit Hilfe des Artikels zwei Geschlechter:

  > *en by*   eine Stadt
  > *et land*   ein Land

  Mit jedem Substantiv muss gelernt werden, ob es sich um ein *en-* oder ein *et-*Wort handelt.
- Das Lektionswörterverzeichnis gibt Ihnen Auskunft darüber, ob es *en* oder *et* heißt. Machen Sie die Probe und gucken Sie dort unter Lektion 2: Sie finden *by, -en* und *land, -et*.
  Natürlich finden Sie den Artikel auch in deutsch-dänischen Wörterbüchern.

- Die **bestimmte Form des Substantivs** (Singular) bildet man durch „Anhängen" von *-en* oder *-et*:

  > *en by*   *byen*   eine Stadt   die Stadt
  > *et land*   *landet*   ein Land   das Land

- Diese Form ist zunächst ungewohnt, aber keine Angst, durch die Anwendung der Sprache werden Sie sich schnell daran gewöhnen. Jetzt verstehen Sie auch, warum es *Jeg bor i byen* heißt: Ich wohne in der Stadt.
- Endet ein Substantiv mit einem unbetonten *-e*, fällt dies in der bestimmten Form weg:

  > *en gade*   *gaden*
  > *et værelse*   *værelset*

- Bei Wörtern mit kurzen, betonten Vokalen findet bei der Bildung der bestimmten Form eine Konsonanten-Verdopplung statt:

  > *et tal*   *tallet*
  > *et pas*   *passet*

- Über Substantive lässt sich Folgendes sagen:
  ca. 80% aller Substantive sind *en*-Wörter
  ca. 20% aller Substantive sind *et*-Wörter

Kurzformen

In der gesprochenen dänischen Sprache werden in bestimmten Wörtern oder Ausdrücken ganze Silben verschluckt.
Wir wollen versuchen, die Kurzformen von Anfang an dort einzüben, wo sie gebräuchlich sind.
Wenn Sie wissen möchten, was sich hinter Auslassungszeichen wie in *Må jeg be' om ...* und *Tak skal du ha'* verbirgt, sehen Sie in die Liste im Umschlagdeckel des Lehrbuches.

Das Hilfsverb *har*

Sie ahnen es sicher, auch hier bleibt die Endung bei allen Personalpronomen gleich:

jeg	*har*
du/De	*har*
han/hun	*har*
vi	*har*
I/De	*har*
de	*har*

Übungen

1

Setzen Sie das richtige Personalpronomen ein:

Er *Kirsten* fra København?
  Nej, *hun* er fra Ålborg.
Er *Dennis* fra Nyborg?
  Nej, *han* er fra Århus.

1. Er Arne fra Nykøbing?

   Nej, _____ er fra Odense.

2. Er Margrethe fra Ålborg?

   Nej, _____ er fra Århus.

3. Er Jan fra Svendborg?

   Nej, _____ er fra København.

4. Er Charlotte fra Odense?

   Nej, _____ er fra Ribe.

5. Er Birthe fra Nyborg?

   Nej, _____ er fra Odense.

6. Er Hans fra Århus?

   Nej, _____ er fra Kalundborg.

7. Er Flemming fra Ribe?

   Nej, _____ er fra Nykøbing.

8. Er Grethe fra Århus?

   Nej, _____ er fra Nyborg.

2

Setzen Sie *i* oder *på* ein:

Jeg har et hus _____ landet. Hun bor ikke _____ byen. Herbert er fra en stor by _____ Tyskland. Odense er en by _____ Fyn. Ålborg er en by _____ Jylland. Arne bor _____ Storegade. Jeg har et værelse _____ en gård. Marie bor _____ Ringvej. Hun kommer fra Moseby, det er en landsby _____ Falster. Samsø er en ø _____ Danmark.

(*Fyn* = Fünen; *Jylland* = Jütland; *landsby* = Dorf)

3

Welche Antwort gehört zu welcher Frage? Tragen Sie die passenden Buchstaben ein:

1. Er det Hans?
2. Hvordan går det?
3. Hvad hedder du til fornavn?
4. Hvor bor du?
5. Hvordan har Inger det?
6. Hvad hedder Per til efternavn?
7. Tak for i aften!
8. Bor du på landet?

a. Selv tak!
b. Hun har det fint!
c. Hansen.
d. Ja, det gør jeg.
e. Ikke særlig godt.
f. Ja, det er mig.
g. Rita.
h. I Havnegade

1	
2	
3	
4	
5	
6	
7	
8	

4

Bilden Sie die bestimmte
Form des Substantivs:

en by	byen
et land	landet

1. en gade   _____

2. en vej   _____

3. et hus   _____

4. en gård   _____

5. en lejlighed   _____

6. et værelse   _____

5

Die Teile des Dialogs sind
etwas durcheinandergeraten.
Bringen Sie sie in die richtige
Reihenfolge:

Tak, det går fint! Og hvordan har du det?

Hej, Henning!   Farvel!

Uha, det er ikke så godt. Nå - farvel du!

Hej, Jens! Hvordan går det?

Jeg har det ikke så godt. Jeg kommer fra doktoren. Jeg har influenza.

Jens: _____

Henning: _____

Jens: _____

Henning: _____

Jens: _____

Henning: _____

6

Tragen Sie die Zahlen in Worten ein:

(Kreuzworträtsel mit den Buchstaben ELLEVE senkrecht)

7

Vervollständigen Sie die Dialoge:

a.

Ole Jensen og Kim Madsen _____ Sønderborg:

J: Goddag, jeg _____ Ole Jensen.

M: _____, mit navn _____ Kim Madsen. Hvor _____ du fra?

J: Jeg er _____ Esbjerg, og _____?

M: Ja-a, jeg kommer _____ fra Esbjerg.

J: Er det rigtigt? - Hvor _____ du, jeg bor _____ Havnegade.

M: Det gør jeg også! Jeg _____ _____ nr. 33.

J: Og _____ i nr. 1!

b.

Lone Hansen _____ Grethe Pedersen _____ en campingplads i Hirtshals:

H: Dav!

P: _____!

H: Hvor er du _____?

P: _____ kommer fra København.

H: Det gør _____ også. Jeg bor _____ Himmerlandsvej. Det _____ i Vanløse.

P: Vanløse? Ja, jeg _____ i Farum.

Vanløse ist ein Ortsteil Kopenhagens, *Farum* liegt in der Nähe der Hauptstadt.

8

Bilden Sie die Fragen zu den vorgegebenen Antworten:

1. Jeg hedder Klaus.
2. Jeg kommer fra Tyskland.
3. Jeg bor i Wien
4. Det går fint.
5. Hun er fra Sjælland.
6. Ja, jeg bor på landet.
7. Han bor på Humlevej 10, Havneby.
8. Hun bor på Parkvej.
9. Han er fra Ålborg.

9

Eine Gruppe Jugendlicher kommt in einem Hotel an. Lis übernimmt die Zimmerverteilung. Kreuzen Sie die jeweiligen Zimmernummern nach ihren Angaben an:

1. Arne
   - ❏ a. 10
   - ❏ b. 12

2. Hanne
   - ❏ a. 8
   - ❏ b. 18

3. Margrethe
   - ❏ a. 13
   - ❏ b. 15

4. Svend
   - ❏ a. 7
   - ❏ b. 17

5. Lis
   - ❏ a. 12
   - ❏ b. 2

Aussprache: Wortbetonung

Sie hören von der Cassette/CD einige Wortpaare mit bekannten Wörtern. Kreuzen Sie an, ob die Wortbetonung gleich oder nicht gleich ist. Benutzen Sie die Pausentaste, falls nötig.

	gleich	nicht gleich
a.	❏	❏
b.	❏	❏
c.	❏	❏
d.	❏	❏
e.	❏	❏
f.	❏	❏
g.	❏	❏
h.	❏	❏
i.	❏	❏
j.	❏	❏

11 **6**

Aussprache: Silbenbetonung bei den Endungen *-en* und *-et*

Hören Sie die bestimmte Form von Substantiven von der Cassette/CD und sprechen Sie nach.

aftenen   navnet
morgenen   billedet
dagen   nummeret
gaden   huset
vejen   tallet
gården   landet
byen   værelset
landsbyen   hotellet
lejligheden
telefonen

Die angehängten Artikel werden nie betont und erscheinen deshalb abgeschwächt.
Das *t* in der Endung *-et* klingt eher wie ein *d*, also sehr weich.

12 **7**

Aussprache: Wortbetonung und Satzbetonung

Es ist im Dänischen ähnlich wie im Deutschen: Nur die betonten Wörter im Satz erhalten auch die gleiche Wortbetonung, die sie als Einzelwörter haben, alle anderen Wörter werden untergeordnet in der Betonung. Wird besonders schnell gesprochen, werden die unbetonten Wörter zusammengezogen, ja, einige sind kaum mehr auszumachen.

Hören Sie Folgendes von der Cassette/CD und sprechen Sie jeweils nach:

jeg er   Jeg er fra Århus.
kommer   De kommer fra Bornholm.
også   Hun er også fra Tyskland.
hvordan   Hvordan går det?
har   Jeg har det godt.

Lektion 3

Tipps zum Sprachenlernen

Denken Sie daran, dass Sie beim Hören der dänischen Sprache nicht alle dänischen Wörter zu verstehen brauchen, denn die wichtigen sind ja betont und dienen daher als Signalwörter für die Verständigung. Alles andere ergibt sich aus dem Sinnzusammenhang. Auch in Ihrer Muttersprache richten Sie sich nach Signalwörtern, achten Sie einmal darauf.

Die Fähigkeit, nur das Wichtige herauszuhören, wird in den Hörverständnisübungen geübt. Versuchen Sie, die dort gestellten Aufgaben zu lösen und hören Sie sich den Hörtext gegebenenfalls mehrmals an. Je entspannter Sie zuhören, desto eher wird sich der Hörtext erschließen lassen. Sie müssen ja nicht jedes einzelne Wort verstehen, deshalb ist es nicht nötig, sich selbst unter Leistungsdruck zu setzen. Im Schlüssel befindet sich das Script für den Hörtext, aber lesen Sie es erst, wenn Sie gar nicht weiter wissen. Denken Sie daran, dass Sie Gehörtes im wirklichen Leben auch nicht nachlesen können.

In den Übungen zur Aussprache, die Sie in jeder Lektion finden, lernen Sie, dänische Laute zu unterscheiden. Durch dieses Training wird sich Ihre Aussprache ebenfalls verbessern – sprechen Sie soviel wie möglich nach.

Anmerkungen

zu 1

In der modernen dänischen Alltagssprache gibt es zwei Möglichkeiten, Zahlen über 100 auszudrücken:

132   *et hundrede og toogtredive*
132   *et hundrede toogtredive*

Die Bank- und Geschäftssprache verwendet zur besseren Verständlichkeit die skandinavischen Zahlen - diese gelten aber nicht in der Alltagssprache:

10	*ti*	50	*femti*	90	*niti*
20	*toti*	60	*seksti*	21	*toti-en*
30	*treti*	70	*syvti*	22	*toti-to*
40	*firti*	80	*otti*	32	*treti-to*
					usw.

zu 2

In dieser Übung geht es vorrangig um die Telefonnummern. Die Annoncentexte müssen nicht verstanden werden.

Telefonnummern spricht man im Dänischen normalerweise in Zweiergruppen:

56 40 02 60
seksoghalvtreds fyrre nul-to tres

Ein Akzentzeichen wie in *notér* kann immer dann gesetzt werden, wenn man darauf aufmerksam machen möchte, dass das *e* betont wird.

zu 6

Hans Andersen aus Dänemark möchte gern Kontakt zur deutschen Familie Müller auf-nehmen. Die Anschrift hat er von einem Freund. Hans Andersen spricht kein Deutsch, aber er weiß, dass Frau Müller soeben angefangen hat, Dänisch an einer Volkshochschule zu lernen. Er schreibt des-halb nur das Wichtigste und versucht, sich ganz einfach auszudrücken.

Zur Grammatik

Possessivpronomen: *min – din*

Die Possessivpronomen *min* und *din* rich-ten sich nach dem Geschlecht des Substan-tivs:

en mand	**et** værelse
mi**n** mand	mi**t** værelse
di**n** mand	di**t** værelse

Personalpronomen: *den – det*

Genauso verhält es sich mit den Personal-pronomen *den* und *det* in Verbindung mit Substantiven:

> *Hvor stort er huset? – **Det** er på 130 m².*
> *Hvor stor er lejligheden? – **Den** er på 90 m².*

Zusammengesetzte Substantive

> *ferie + en lejlighed = en ferielejlighed*
> *sommer + et hus = et sommerhus*

Bei zusammengesetzten Substantiven rich-tet sich das Geschlecht nach dem letzten Substantiv. (s. auch Grammatikübersicht hinten im Buch.)

Übungen

1

Verbinden Sie durch Linien die Ziffern mit den dazugehörigen Zahlwörtern:

56	tooghalvfjerds
49	seksoghalvfems
72	seksoghalvtreds
96	fireogfirs
61	niogfyrre
84	treogtyve
37	femoghalvfems
23	enogtres
95	syvogtredive

2

Schreiben Sie die Zahlen in Worten:

1. 38 _____
2. 57 _____
3. 62 _____
4. 45 _____
5. 56 _____
6. 73 _____
7. 94 _____
8. 81 _____
9. 24 _____

3

Neben den Fotos auf S. 24 sehen Sie einige Informationen über Arne und Winnie. Stel-len Sie sich vor, Sie würden diese Infor-mationen von Arne und Winnie erfragen. Wie würden Ihre Fragen lauten?

Arne Jensen,
Svendborg, 41 år

Winnie Aagård Jensen,
Nærum, 38 år.

1. _____

2. _____

3. _____

4. _____

4

Beantworten Sie die Fragen zum Brief von Hans Andersen (Lehrbuch, S. 23):

1. Hvor mange er de i familien Andersen?
2. Bor de på landet?
3. Bor de på en gård?
4. Har de hus?
5. Hvor i Danmark bor familien Andersen?
6. Hvor gammel er Hans/Birthe/ Thomas/Erik?

Stellen Sie dieselben Fragen einem anderen Teilnehmer Ihrer Gruppe am nächsten Kursabend.

5

Übersetzen Sie die Begriffe und tragen Sie sie in die Kästchen ein. Das stark umrandete Feld ergibt von oben nach unten gelesen einen Begriff, der mit Urlaub zu tun hat:

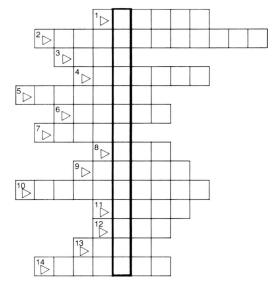

1. Urlaub
2. Badezimmer
3. Tür
4. Fenster
5. Küche
6. klein
7. Garten
8. ich
9. Balkon
10. Wohnung
11. Fußboden
12. bei
13. aber
14. Keller

6

Sie werden als Lerner einer Fremdsprache sicher oft in die Verlegenheit kommen, aus einem fremdsprachlichen Text bestimmte Informationen heraussuchen zu müssen, ohne dass Ihnen dabei alle Vokabeln bekannt sind. Dieses Herausfiltern bestimmter Informationen lässt sich trainieren. Dazu dient die folgende Leseverständnisübung.

Ein mit Ihnen befreundetes dänisches Ehepaar sucht ein Grundstück für ein Sommerhaus von mindestens 1000m² mit Aussicht auf das Meer. In einer Zeitschrift finden Sie die Annonce eines Maklerbüros. Ist unter den Angeboten eines, das Ihre Freunde interessieren könnte?

GENTOFTE
Kildeskovkvarteret. 146 m² etplans + carport. Forstue, opholdsstue, spisestue m. pejs, køkken, bryggers, 2 værelser, 2 badeværelser, soveværelse.

VIRUM
Med udsigt over Furesøen.

HØRSHOLM
147 m² + carport i moderne arkitektur.
200 m² + carport i moderne arkitektur.
Begge tegnet af arkitekt FINN ZEUTHEN.
Charmerende beliggenhed tæt ved Hørsholm Kirke og Jagt- og Skovbrugs Museet.

RØDOVRE

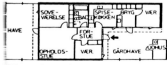

28 nye Johan Christensen & Søn rækkehuse, 95-110 m², med mulighed for alternativ indretning.

KLAMPENBORG

153 m² + carport. Tegnet af arkitekt Vagn Hjorth.

RUNGSTED KYST med strandret

190 m² + dobbelt carport. Tegnet af »årets hus«-arkitekterne.

SØBORG rækkehus

100 m² + udhus. Tegnet af »årets hus«-arkitekterne.

VIRUM
900 m² grund.
Eventuelt med projekt til fast pris.

SØLLERØD
1200 m² syd skrånende helårs-grund. Pragtfuld beliggenhed.

ASSERBO
1200 m² højt beliggende sommerhusgrund.

RÅGELEJE
Sommerhusgrund. 3.400 m² naturgrund med udsigt over Kattegat.

BIRKERØD
Sommerhus. 4.000 m² grund - 36 m² hus beliggende direkte til lille sø ved Sønderskov.

RØDOVRE
90 m² - entré, spise/opholdsstue, 3 soveværelser, køkken, bryggers, badeværelse. Central beliggenhed.

Lektion 3

7

Lesen Sie den Text *I Danmark* (S. 26) nochmals.

a. Kreuzen Sie an, ob die Aussagen richtig oder falsch sind:

	richtig	falsch
1. Familien Steiner kommer fra Østrig.	❏	❏
2. Familien Steiner har lejet en lejlighed.	❏	❏
3. Hans Hansen kører med familien til sommerhuset.	❏	❏
4. Sommerhuset har ikke badeværelse.	❏	❏
5. Sommerhuset har et børneværelse.	❏	❏
6. Fra entréen kommer man til soveværelset.	❏	❏

(*børneværelse* – Kinderzimmer; *man* – man)

b. Zeichnen Sie eine Skizze, auf der Sie darstellen, wie der Grundriss des Ferienhauses Ihrer Meinung nach aussieht.

8 🎧 8

Hören Sie sich die Cassette/CD und notieren Sie die Telefonnummern der Personen (benutzen Sie die Pausentaste, falls nötig):

1. Mads Hansen, Lyngvej 10, tlf.

   _____

2. Svend Kirkeby, Margrethevej 6, tlf.

   _____

3. Søren Jørgensen, Jernbanegade 56, tlf.

   _____

4. Henny Svendsen, Havnegade 8, tlf.

   _____

5. Ingeborg Nørregård, Buhlsvej 47, tlf.

   _____

6. Rigmor Håstrup, Strandvej 83, tlf.

   _____

7. Hans N. Larsen, Søndergade 7, tlf.

   _____

8. Kirsten Pedersen, Holstebrovej 123, tlf.

   _____

Aussprache: *-kk-*, *-pp-* und *-tt-*

Hören Sie die teilweise unbekannten Wörter von der Cassette/CD und kreuzen Sie an, welche Laute Sie hören.

	kk	g
sukker	❏	❏
ikke	❏	❏
bakke	❏	❏
nakke	❏	❏
lækker	❏	❏
lukketid	❏	❏

	pp	b
suppe	❏	❏
stoppe	❏	❏
slappe af	❏	❏
tippe	❏	❏
trappe	❏	❏
loppemarked	❏	❏

	tt	d
bitter	❏	❏
katte	❏	❏
prutte	❏	❏
nætter	❏	❏
otte	❏	❏
frokostplatte	❏	❏

Ein erstaunliches Ergebnis, nicht? Insgesamt kann man sagen, dass die Konsonanten, die nicht am Anfang von Wörtern stehen, weich ausgesprochen werden. Das Dänische klingt überhaupt wesentlich weicher als das Deutsche.
Hören Sie die Wörter abermals und üben Sie sich in der „weichen Aussprache".

Aussprache: Satzbetonung

Hören Sie Folgendes von der Cassette/CD und sprechen Sie nach:

Hvor gammel er du?
Jeg er 33.
Hvor gammel er din veninde?
Hun er 32.
God ferie!
Tak skal du ha'!

Lektion 4

Tipps zum Sprachenlernen

Sie haben in den vorangegangenen Lektionen viele neue Vokabeln gelernt und sicher bereits erfahren müssen, dass es schwierig ist, sich alle zu merken. Es gibt jedoch Methoden, die das Behalten von neuen Wörtern fördern.

Vergessen Sie das gute alte Vokabelheft, das Sie aus Ihrer Schulzeit kennen. Hier wurden neue Vokabeln – einzeln, herausgelöst aus ihrem Sinnzusammenhang – in eine Spalte eingetragen und rechts daneben die deutsche Entsprechung. Viel besser ist es, neue Wörter in ihrer Umgebung, d. h. in einem Sinnzusammenhang zu lernen, das prägt sich wesentlich besser ein. Lernen Sie z. B. nicht *bo = wohnen*, sondern *Jeg bor i ... (München/Stuttgart)*. So können Sie das Wort besser behalten und haben gleich einen anwendbaren Satz gelernt.

Es hat sich außerdem herausgestellt, dass die meisten Menschen am besten in Bildern oder bildhaften Mustern lernen.

Schneiden Sie aus Illustrierten oder Ähnlichem Zeichnungen/Fotos zu den Themen des Lehrbuches aus und beschriften Sie diese. Falls Sie einen Computer zur Verfügung haben, stellen Sie Seiten mit Zeichnungen und Text zusammen. Auf diese Weise erhalten Sie in jedem Fall Ihr eigenes Wörterbuch. Ergänzen Sie es nach und nach und Sie werden merken, dass sich Wörter durch bildgesteuertes Lernen besser einprägen. Ergänzen können Sie nicht nur mit neuen Wörtern, sondern auch indem Sie zu bereits vorhandenen Wörtern später etwas hinzufügen, also Wortverbindungen schaffen, z. B. beim Thema Wohnung:

gulv   vaske gulv/gulvtæppe
vindue   åbne vinduet, male vinduet
stol   reparere stolen/en ny stol/lænesto⌐

Es gibt Bilder-Wörterbücher für kleine Kinder, auch diese könnten der Erweiterung und Festigung des Wortschatzes dienen.

Bei der Erstellung eines eigenen Wörterbuches hat sich die Verwendung eines Ringbuches oder Loseblattordners im Format DIN A4 als praktisch erwiesen.

Anmerkungen

zu 6

Wenn einem etwas gefällt – oder auch nicht –, sagt man:

> *Jeg kan godt li' ...*
> *Jeg kan vældig godt li' ...*
> (*vældig* ist eine in der Alltagssprache häufig gebrauchte Verstärkung)

> *Jeg kan ikke li' ...*
> *Jeg kan ikke så godt li' ...*
> *Jeg kan slet ikke li' ...*

Die Steigerungsformen von *god(t)* sind *bedre* und *bedst* (gut, besser, am besten).

In dieser Übung geht es auch darum, die Preisbezeichnung *Jeg kan godt li' stolen ⌐il 259 kr.* zu üben.

zu 7

Dankort ist eine Karte, mit der Dänen in größeren Geschäften bezahlen und in Banken Bargeld abheben können.

zu 10
Einkaufen

Jeg vil gerne ha' ... und *Jeg skal ha'* ... entsprechen dem deutschen „Ich möchte ..." oder „Ich hätte gern ..." und werden immer dann verwendet, wenn man gezielt etwas einkauft, meistens bei kleineren Dingen. Diese Redewendungen benutzt man auch bei Bestellungen, z. B. im Restaurant oder im Café.
Jeg vil gerne se på ... sagt man dagegen, wenn man sich zunächst nur etwas angucken möchte, z. B. bei größeren Anschaffungen.

Preise

0,50 kr.	*halvtreds øre*
1,00 kr.	*en krone*
1,50 kr.	*halvanden krone*
22,00 kr.	*toogtyve kroner*
22,50 kr.	*toogtyve-en halv*
	toogtyve-halvtreds
49,50 kr.	*niogfyrre halvtreds*
49,75 kr.	*niogfyrre femoghalvfjerds*

Es gibt neben der im Lehrbuch angegebenen Form, Preise zu benennen, noch eine zweite, die Sie kennen sollten, aber nicht aktiv einzuüben brauchen:

22,50 kr.	*toogtyve kroner og halvtreds*
49,50 kr.	*niogfyrre kroner og halvtreds*
49,75 kr.	*niogfyrre kroner og femog-halvfjerds*

Es ist in Dänemark üblich, bei Endbeträgen von Preisen (z. B. beim Einkauf) auf die nächste Münzeinheit (*25 øre*) auf- oder abzurunden.

Zur Grammatik

Substantive: Plural

Es gibt drei Arten der Pluralbildung bei Substantiven:

-er	*en sofa*	*to sofaer*
	en reol	*to reoler*
	et tæppe	*to tæpper*
-e	*en seng*	*to senge*
	et bord	*to borde*
	et skab	*to skabe*
-0	*et fjernsyn*	*to fjernsyn*

- Die Endung muss mit jedem Wort mitgelernt werden.
- Das Lektionswörterverzeichnis gibt Auskunft über die Endung.
- Die meisten Substantive enden im unbestimmten Plural auf **-er**.

Es gibt sogar eine Regel: Substantive, die im Singular mit einem unbetonten **-e** enden, bekommen im Plural die Endung **-er** (das unbetonte **-e** fällt sozusagen dabei weg).

en lampe	–	*to lamper*
en stue	–	*to stuer*
et værelse	–	*to værelser*

Demonstrativpronomen: *den, det, de*

In der gesprochenen Alltagssprache setzt man oft *her* oder *der* (bzw. *dér*) nach den Demonstrativpronomen:

her bei Dingen, die in Reichweite sind:
Jeg kan godt li' den her stol.
Det her er annoncer fra en dansk avis.
De her senge er allesammen for dyre.

dér bei Dingen, die außer Reichweite sind:
Hvad koster den dér stol?
Det dér hus er til salg.
Hvor er de dér billeder fra?

Übungen

1
-en oder *-et* als Endung?

1. Her har De nøgle_____ til sommer-
   hus_____.
2. Fra entré_____ kommer vi til stue_____.
3. Leif er ikke i have_____.
4. Lejlighed_____ er ikke stor.
5. Fra stue_____ kommer vi til køkken_____.
6. Jeg bor ikke i by_____, men på
   land_____.
7. Hus_____ ligger på en ø.
8. Efternavn_____ er ikke dansk.
9. Familie_____ Steiner kører til sommer-
   hus_____.

2
Lesen Sie die Zahlen laut:

202 _____
147 _____
556 _____
1384 _____
4631 _____
10300 _____
57869 _____

Jahreszahlen:
1937 _____
1918 _____
1771 _____
1648 _____
2004 _____
1999 _____

3
Ordnen Sie zu:

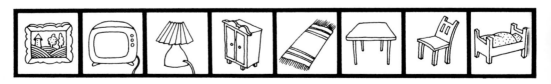

en lampe   et skab   et billede   et tæppe   et fjernsyn   en stol   en seng   et bord

4

Sehen Sie sich die Zeichnung gut an und schließen Sie dann das Buch. Schreiben Sie die Dinge und deren Anzahl auf, an die Sie sich erinnern.

5

Tante Inge zieht aus ihrer 5-Zimmer-Wohnung in eine kleinere mit nur zwei Zimmern. Sie kann nur wenige Möbel mitnehmen. Welche? Sie bekommen den Rest. Tragen Sie ein, welche Möbel Tante Inge Ihrer Meinung nach für die Einrichtung des Wohn- und Schlafzimmers sowie der Küche behält und welche sie Ihnen überlässt.

Til stuen: _____

_____

Til soveværelset: _____

_____

Til køkkenet: _____

_____

Resten: _____

_____

6

Suchen Sie sich von den jeweils zwei abgebildeten Dingen eins aus und äußern Sie sich dazu, indem Sie folgende Ausdrücke verwenden:

Jeg kan godt li' ... / Jeg kan bedst li' ... / Jeg kan ikke li' ... / Jeg kan slet ikke li' ... / Jeg vil gerne ha' ...

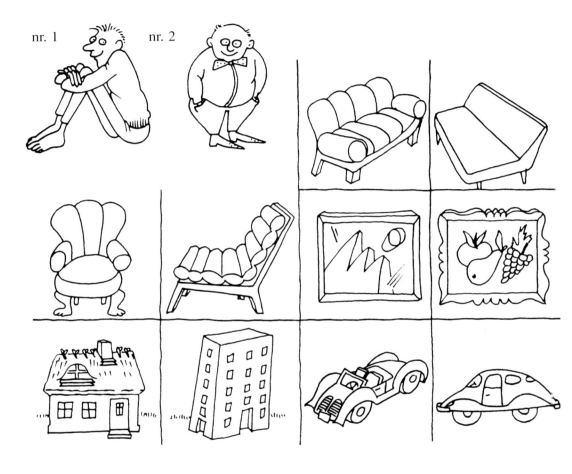

7

Schreiben Sie nach folgendem Muster:

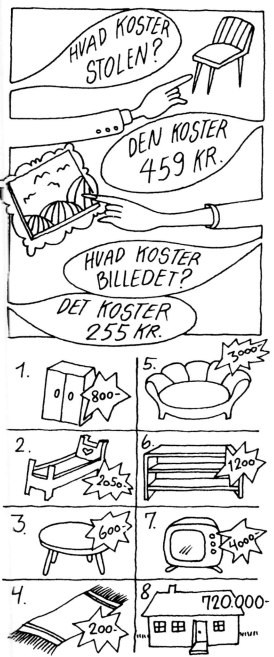

8

Vervollständigen Sie den Dialog:

1. Hvad koster det?
2. Jeg ta'r det.
3. Jeg vil gerne se på
4. Det kan jeg ikke li'!
5. Det er for dyrt.
6. Ja, jeg kan bedst li' det her!

Hos radio- og fjernsynsforhandleren

A: Goddag.

B: Goddag. _____ et stereoanlæg.

A: Ja, så gerne. Herovre har vi stereoanlæg.

B: Hm. _____. Fint design!

A: Ja, det er det. Det er et anlæg fra B&O. Det koster 17998 kr.

B: 17998 kr.! _____. Har De ikke et, der er billigere?

A: Jo, her har vi et til 14998 kr.

B: Det dér? _____.

A: Her har vi et andet anlæg fra B&O. Det er en gammel model og ikke så dyr.

B: Ja, det kan jeg godt li'. _____?

A: 11998 kr., det er en god pris!

B: Jeg tror, _____. Men jeg vil gerne høre det først.

(*forhandler* – Händler; *herovre* – hier drüben; *et stereoanlæg* – Stereoanlage; *høre* – hören; *først* – zuerst)

Bang & Olufsen (B&O) ist eine dänische Firma, die audio-visuelle Anlagen herstellt. Sie ist bekannt für ihr gutes Design.

9

Sie erkundigen sich nach Preisen. Kreuzen Sie den richtigen Preis an:

1. stolen
   - ❏ a. 855 kr.
   - ❏ b. 895 kr.

2. bordet
   - ❏ a. 1985 kr.
   - ❏ b. 985 kr.

3. reolen
   - ❏ a. 545 kr.
   - ❏ b. 1585 kr.

4. tæppet
   - ❏ a. 4349 kr.
   - ❏ b. 4389 kr.

10

Aussprache: -er in unbetonten Silben

Kreisen Sie zunächst in den unbetonten Silben der folgenden Wörter -er ein – wie in komm*er*. Hören Sie dann die Wörter von der Cassette/CD und sprechen Sie nach. Achten Sie dabei besonders auf die eingekreisten Laute. Sie hören die Wörter spaltenweise.

sommer	reoler
sommerhus	tæpper
kælder	møbler
Inger	biler
fortæller	radioer
skriver	efternavn

11

Aussprache: Der Vokal *a*

Sicher haben Sie schon gemerkt, dass der Vokal *a* unterschiedlich ausgesprochen wird. Hören Sie die folgenden Wörter von der Cassette/CD und unterstreichen Sie in jeder Zeile das Wort, das sich in der Aus-

sprache des Lautes *a* von den anderen drei unterscheidet. Benutzen Sie die Pausentaste, falls nötig.

a. fra	goddag	far	barn
b. adresse	cigaretter	farvel	taler
c. bager	mange	samme	gammel
d. Arne	trappe	en have	Karen
e. gade	har	var	hva'

Als Faustregel können Sie sich merken, dass das *a* wie in *dag*, *gade* häufig in betonten Silben mit langem Vokal vorkommt.

12 🎧 14

Aussprache: Satzbetonung

Hören Sie Folgendes von der Cassette/CD und sprechen Sie nach:

Jeg vil gerne se på et sofabord.
Jeg kan godt li' det her.
Det dér kan jeg bedst li'.
Hvad koster det?
Det er for dyrt.
Jeg vil gerne ha' en øl.

Tipps zum Sprachenlernen

Neue Wörter haften nicht nur gut in Verbindung mit Bildern, sondern auch geordnet zu bildhaften Mustern. In dieser Lektion lernen Sie viele Wörter im Zusammenhang mit der Familie, da könnten Sie diese für sich durch einen Stammbaum darstellen. Oder Sie erstellen eine sogenannte Wortspinne. Hier können Sie alles eintragen, was Ihnen zum Begriff Familie einfällt, und dies nach und nach ergänzen. Gerade Wortspinnen lassen sich zu allen Themen erstellen.

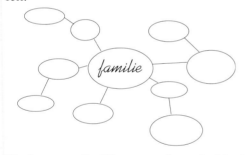

Sie können die Wörter auch nach Oberbegriffen neu ordnen, z. B.
Häuser, Gebäude: *et hus, en lejlighed, et sommerhus, en kirke, en garage* usw.
Oder nach Gegensätzen: *gift/ugift; barn/voksen; loft/kælder* usw.
Überhaupt geht es darum, immer neue Sinnzusammenhänge und Ordnungen zu schaffen. Sie werden feststellen, dass das Lernen von neuen Wörtern und Worteinheiten auf diese Weise nicht nur mehr Spaß macht, sondern auch effektiver ist.

Anmerkungen

zu 3
Hvor gammel er din datter?

– **gammel** wird bei *einer* Person verwendet.
Hvor gamle er dine børn?
– **gamle** wird bei *mehreren* Personen verwendet.

zu 4
• Bei einigen Substantiven ergibt sich im Plural eine Lautverschiebung, z. B.
   en datter   tre døtre

Siehe auch „zur Grammatik".

• *Vi har meget travlt. Meget* wird hier als Verstärkung (deutsch: sehr) gebraucht. Man könnte auch die Verstärkung *vældig* nehmen:
   Vi har vældig travlt.

• Die allgemeine Bezeichnung für Frau ist *kvinde*. Das Wort tritt u. a. in vielen Zusammensetzungen auf, z. B.
   kvindelitteratur, kvindenavn

Spricht man von der Ehefrau, sagt man (falls man nicht nur den Vornamen erwähnt):

   Det er hans kone.
   Min kone er til en familiefest.

In der Anrede mit dem Familiennamen sagt man:

   Fru Andersen

Das Wort *hustru* bedeutet Gattin.

• Es ist in Dänemark besonders im ländlichen Bereich üblich, bei Familienfesten sehr viele Personen einzuladen. Dann wird als Zeichen der Freude die dänische Fahne (*Dannebrog*) gehisst, und auf dem Lande flaggt gleich das ganze Dorf mit.
Für das Flaggen gibt es besondere Regeln. Ausländische Fahnen dürfen nur mit Genehmigung gehisst werden.

• Im Dänischen gibt es ein logisches System von Verwandschaftsbezeichnungen, das man kennen sollte, da die verschiedenen Bezeichnungen sehr häufig verwendet werden. So heißen ...

die Großeltern mütterlicherseits:

mormor   (von *mors mor*, also Mutters Mutter)
morfar   (von *mors far*, also Mutters Vater)

die Großeltern väterlicherseits:

farmor   (von *fars mor*, also Vaters Mutter)
farfar   (von *fars far*, also Vaters Vater)

die Onkel und Tanten mütterlicherseits:

moster   (von *mors søster*, also Mutters Schwester)
morbror (von *mors bror*, also Mutters Bruder)

die Onkel und Tanten väterlicherseits:

faster   (von *fars søster*, also Vaters Schwester)
farbror (von *fars bror*, also Vaters Bruder)

zu 6
Glückwünsche

– kurz und knapp: *Til lykke!*
  (oft sieht man auch *Tillykke!*)
– herzlicher: *Hjertelig til lykke!*
– den Anlass erwähnend:
(Hjertelig) til lykke med fødselsdagen!

(Hjertelig) til lykke med de 70!
(Hjertelig) til lykke med sommerhuset!
  (zum neuen Ferienhaus)

Man reagiert mit: *Tak skal du ha'!*

zu 7
Wenn man gute Wünsche ausspricht, z. B. *Kom godt hjem!* und der Wunsch erwidert wird, heißt es als Entgegnung:
Tak i lige måde! (Danke gleichfalls!)

Zur Grammatik

Unregelmäßige Pluralformen

Einige Verwandschaftsbezeichnungen haben unregelmäßige Pluralformen:

a →	*æ*
en mand	*fire mænd*
en far	*to fædre*
(en fader)	

o →	*ø*
en bror	*fire brødre*
(en broder)	
en mor	*to mødre*
(en moder)	

Das *d* in *fædre, brødre, mødre* stammt von den älteren Formen *fader, broder, moder,* die heute in der Alltagssprache nicht mehr verwendet werden.

a →	*ø*
en datter	*tre døtre*
et barn	*tre børn*
et barnebarn	*tre børnebørn*

Genitiv

Der Genitiv wird durch das Anhängen der Endung *-s* gebildet:

> *Charlottes søn*
> *husets datter*

Endet ein Name auf *s* (z. B. Lis, Jens, Hans), schreibt man
Hans' oder *Hans's* oder *Hanses*.

Possessivpronomen

Die Pronomen *min* und *din* richten sich in der Form nach dem Geschlecht und der Zahl des Substantivs, die Pronomen *hans* und *hendes* bleiben immer gleich. Sehen Sie selbst:

en mor	et ur	3 stole
min mor	*mit ur*	*mine stole*
din mor	*dit ur*	*dine stole*
hans mor	*hans ur*	*hans stole*
hendes mor	*hendes ur*	*hendes stole*

Übungen

1

Übersetzen Sie und tragen Sie die Wörter ein:

8. Tochter   1. Vater   6. Frau
5. Familie   7. Junge   3. Kind
4. Männer   2. Mutter

```
      1. |  |__ __
   2. __|  |__
 3. __ __|  |__
   4. __|  |__ __
5. __ __ __ __|  |__ __
6. __ __ __ __|  |__
   7. __|  |__ __ __
8. __ __ __ __|  |__
```

Das stark umrandete Feld ergibt, von oben nach unten gelesen, einen Verwandtschaftsbegriff.

2

Schreiben Sie an eine(n) Verwandte(n) einen Geburtstagsgruß. Oder schreiben Sie einen Brief nach Dänemark, in dem Sie über ihre Familie berichten. Folgendes könnte im letzteren Fall eine Hilfe sein:

> Kære ...!
>
> Vi er en familie på ... Jeg hedder ..., min mand/kone ... og vores datter/døtre/søn/sønner ... Vi bor ... Jeg er ... og min ... ... år. Vores ... ... år. Vores hus/lejlighed har ...
>
> Med venlig hilsen
>
> ......

3

Erstellen Sie eine Liste mit Personen, die Sie zu einer großen Party einladen wollen:

Jeg inviterer min ven Hubert Krause, min søster Ellen ...

4

Welche Antwort gehört zu welcher Frage? Tragen Sie die passenden Buchstaben ein.

1. Hvor mange børn har du?	a. 42	1	
2. Er du gift?	b. Ja, men ikke ret meget.	2	
3. Hvad hedder din mand?	c. Jeg har to drenge.	3	
4. Hvad hedder din kone?	d. I Luzern.	4	
5. Hvor gammel er du?	e. Nej, det er jeg ikke.	5	
6. Hvor bor du?	f. Nej, jeg er fra Schweiz.	6	
7. Hvor bor du i din ferie?	g. Nej, jeg bor i lejlighed.	7	
8. Hvor mange personer er I?	h. Han hedder Ole.	8	
9. Er du fra Tyskland?	i. På en gård.	9	
10. Bor du i hus?	j. Hun hedder Lene.	10	
11. Taler du dansk?	k. Vi er en gruppe på tolv.	11	

5

Lesen Sie den Brief von Birthe an Rita noch einmal und ordnen Sie dann die Sätze einander zu, die inhaltlich zusammengehören (Lehrbuch, S. 35):

1. Hans har desværre ikke tid	a. med mange mennesker.	1	
2. Han køber ind	b. til frisør.	2	
3. Hans' far har	c. før festen.	3	
4. Det bliver en stor fest	d. til at skrive.	4	
5. Vi bliver 50 personer,	e. 35 voksne og 15 børn.	5	
6. Farfar glæder sig til	f. og hjælper.	6	
7. Der er meget arbejde	g. at se alle sine børnebørn.	7	
8. Min søster kommer	h. til en familiefest.	8	
9. Jeg skal	i. fødselsdag.	9	

6

Tragen Sie die folgenden Wörter in den Brief von Birthe an Rita ein:

venner – venlig – tid – hvordan – hele – men – alle – desværre – skal – bliver – voksne – mennesker – glæder sig – før

Stubbekøbing, november 1998

Kære Rita!

Tak for jeres brev! _____ har I det?
Hans har _____ ikke tid til at skrive i dag.
Han er i byen. Han køber ind til en familiefest.
Hans' far _____ 70, så vi har meget travlt. Det bliver
en stor fest med mange _____. _____ familien,
_____ naboerne og mange — og bekendte kommer.
Vi bliver 50 personer, 35 _____ og 15 børn. Farfar
_____ mest til at se alle sine børnebørn.
Der er meget arbejde _____ festen, _____ min
søster kommer og hjælper.
Jeg har desværre ikke _____ til at skrive mere, jeg
_____ til frisør.
Med _____ hilsen
Birthe Andersen

7

Welche Möbel verkauft die Firma?
Schreiben Sie die deutschen Bezeichnungen neben die Annonce:

_____
_____
_____
_____
_____
_____
_____

8

Sie bereiten einen Campingurlaub in Däne-
mark vor. Dänische Freunde schickten
Ihnen einige Annoncen von Campingplät-
zen. Sie stellen folgende Anforderungen an
den Platz:

– kinderfreundlich
– in Strandnähe
– mindestens 3-Sterne-Platz

Suchen Sie einen Campingplatz heraus,
der diesen Anforderungen entspricht.

**Emmerbølle Strand Cam-
ping**, 5953 Tranekær (Lange-
land). Tlf. 62 59 12 26. Fax
62 59 12 28. Åbent 21/3-21/9.
4-stjernet camping. Egen strand.
Ro og natur ****.

Trestjernet camping ved den
milde jyske østkyst og direkte
ved børnevenlig strand. **Toft
Camping**, Dokkedalvej 100,
Øster Hurup, 9560 Hadsund.
Tlf. 98 58 80 32.

**Friluftsbadets Camping, Jel-
ling.** Stor børnevenlig plads m.
20 hytter & 13 campingvogne.
Mange aktiviteter. Tæt på
attraktioner. Rekvirer brochure
og prisliste. Mølvangvej 53-55,
7300 Jelling. Tlf. 75 87 16 53.
Fax 75 87 20 82.

Skiveren Camping**.** Øn-
skes der den bedste beliggenhed
og de bedste faciliteter i om-
rådet, dertil en smuk, uberørt
natur, hav og strand, er Skiveren
stedet. Tlf. 98 93 22 00. Fax
98 93 21 60.

Glyngøre Camping. 9 ha stor
naturskønt beliggende familie-
plads ved Sallingsund. Moder-
ne faciliteter, legepladser, cross-
bane, beachvolley og boldbane.
Hytter og campingvogne. 400
m til strand. Sundhøj, 7870
Roslev. Tlf. 97 73 17 88.

9

Mutter kommt von der Arbeit nach Hause
und erkundigt sich nach den verschiedenen
Familienmitgliedern. Wo befinden sich die
Personen während des Gesprächs? Verbin-
den Sie:

	kælder
Mor	badeværelse
Far	køkken
Mikkel	Mors værelse
Svend	entré
Ole	stue
	soveværelse

10

Aussprache: Der Konsonant *t*

Hören Sie die z. T. unbekannten Wörter von der Cassette/CD. Kreuzen Sie an, ob das *t* wie im deutschen Wort „Teer" klingt oder eher abgeschwächt wie ein *d*.

	t	d
a. taler	❏	❏
b. Tivoli	❏	❏
c. altid	❏	❏
d. Martini	❏	❏
e. godt	❏	❏
f. et	❏	❏
g. nat	❏	❏
h. elefant	❏	❏
i. blyant	❏	❏
j. salt	❏	❏
k. (for) dyrt	❏	❏
l. vinter	❏	❏
m. koster	❏	❏
n. aften	❏	❏

Das *t* am Anfang eines Wortes oder am Anfang einer betonten Silbe wird voll ausgesprochen; in allen anderen Fällen erscheint es meist abgeschwächt und klingt daher wie ein *d*.

11

Aussprache: *a* oder *æ*?

Ganz sicher haben Sie oft den Eindruck, dass das *a* wie z. B. in *dag, gade* wie ein *ä* klingt. Aber hören Sie folgende Wörter von der Cassette/CD und achten Sie auf die Aussprache von *a* und *æ*; ganz gleich klingen sie nicht.

plane	plæne
mand	mænd
vase	hvæse
mat	mæt
bager	bæger
hale	hæle

Hören Sie nun Wortpaare mit z. T. unbekannten Wörtern von der Cassette/CD und kreuzen Sie an, ob es sich dabei um gleiche oder nicht gleiche Vokale handelt. Benutzen Sie, falls nötig, die Pausentaste.

	gleich	nicht gleich
a.	❏	❏
b.	❏	❏
c.	❏	❏
d.	❏	❏
e.	❏	❏
f.	❏	❏
g.	❏	❏

Das *a* in *dag*, das sich im Klang von dem *a* in *barn* unterscheidet, nennt man in Dänemark *det flade a*. Falls Sie nicht immer alles richtig getroffen haben, sollte Sie das nicht betrüben, denn gerade bei diesem Laut gibt es in der Aussprache starke regionale und generationsbedingte Unterschiede unter den Dänen. Richten Sie sich in Ihrer eigenen Aussprache danach, wie die Wörter auf den Cassetten/CDs des Lehrwerkes „Dänisch neu" gesprochen werden.

Lektion 6

Tipps zum Sprachenlernen

Am Anfang dieser Lektion lernen Sie, wie man nachfragt oder darum bittet, dass etwas langsamer wiederholt wird. Solche Redewendungen sind nicht nur für den Aufenthalt in Dänemark von Bedeutung, sondern auch für das Lernen in der Gruppe, denn sie ermöglichen Ihnen, auch im Unterricht Dänisch als Kommunikationssprache zu verwenden. Sprechen Sie Dänisch nicht nur mit Ihrem Kursleiter, sondern ebenso mit den Mitlernern, und wenden Sie dabei alles an, was Sie können. Fehlt Ihnen ein Wort, fragen Sie Ihren Kursleiter, aber auf Dänisch.

Anders gesagt: Nutzen Sie von sich aus die relativ kurze Unterrichtszeit zur Kommunikation in der Zielsprache und warten Sie damit nicht bis zu Ihrem nächsten Dänemarkaufenthalt.

Anmerkungen

zu 1
Versprechen

Bei Versprechungen wird oft die folgende Formel benutzt:

*Det **skal** jeg **nok**!*	etwa: Das mach ich!
*Jeg **skal nok** komme!*	etwa: Ich werde bestimmt kommen!

zu 1, 2, 7 und 8
Bitten

Bittet man jemanden, etwas zu tun, benutzt man im Dänischen die Formel *Vil du/De være (så) venlig ...* gefolgt vom Infinitiv (s. „zur Grammatik"). Diese Formulierung mit *være venlig* wird heute jedoch als etwas steif empfunden und nur Fremden gegenüber gebraucht, sonst sagt man u.a. *Vil du godt...* oder *Vil du ikke godt ...*

Vil du/De være (så) venlig at	*veksle de her penge?* *skrive dit/Deres navn her?* *tale lidt langsommere?*
Vil du godt	*give mig den dér kuglepen?*
Vil du ikke godt	*gentage det?* *skrive det?*

Im Deutschen formuliert man hier mit „bitte".

zu 7 und 9
Tak

Oft erscheint das Wort *tak* allein etwas zu kurz, man wählt dann eine längere Form, z.B.

> *Tak skal du/De ha'!* – *Selv tak.*
> – *Det var så lidt.*
> (Keine Ursache!)

zu 8

Achten Sie auf die Aussprache von *nogle*: [no:n].

zu 9

Beachten Sie, dass *langt* mit „weit" übersetzt wird:

Er det langt?	Ist es weit?
Det er ikke langt herfra.	Es ist nicht weit von hier.
Hvor langt er det?	Wie weit ist es?

Zur Grammatik

Infinitiv

- Die normale Endung des Infinitivs ist *-e*.
- Als Kennwort steht vor dem Infinitiv oft ein *at*, vergleichbar mit dem englischen *to*.
- Im Wörterbuch wird bei Verben immer der Infinitiv angeführt.

Infinitiv	**Präsens**
at komme	*kommer*
at skrive	*skriver*
at hedde	*hedder*
at være	*er*
at have	*har*

Den Infinitiv braucht man z. B. in Verbindung mit Modalverben (s. Beipiele unten).

Die Modalverben *kan, må* und *vil*

In dieser Lektion lernen Sie diese Modalverben in folgender Verwendung kennen:

Kan du veksle den her 500-kroneseddel?
 (**Möglichkeit:** Kannst Du ...?)
Må jeg låne din ordbog?
 (**Bitte:** Darf ich ...?)
Vil du ikke godt fortælle om din ferie?
 (**Bitte:** Würdest Du ...?)

Kurzantworten bei Modalverben

Bei Fragen mit *kan, må* und *vil* werden diese Wörter in den Kurzantworten aufgenommen.

Kan du veksle den her 200-kroneseddel?
 – Ja, det kan jeg godt.
Må jeg låne dine tændstikker?
 – Ja, det må du godt.
Vil du ikke godt komme?
 – Jo, det vil jeg godt.

Ja oder *jo*?

Jo wird in der Antwort nach Fragen mit *ikke* gebraucht, sonst *ja*.

Vil du <u>ikke</u> godt gentage det?
 – <u>Jo</u>, det vil jeg godt.
Kan jeg <u>ikke</u> betale med check?
 – <u>Jo</u>, det kan du godt.

Vil du godt gentage det?
 – Ja, det vil jeg godt.
Kan jeg betale med check?
 – Ja, det kan du godt.

Possessivpronomen (s. auch Grammatikübersicht am Ende des Arbeitsbuches)

Es gibt neben den im Lehrbuch in Nr. 6 aufgeführten Possessivpronomen noch *sin/sit/sine* in der 3. Person Singular. Es wird reflexiv gebraucht und bezieht sich immer auf das Subjekt im Satz.

Inger taler med sin mand.
 ... mit dem eigenen Mann
Inger taler med hendes mand.
 ... mit dem Mann einer anderen Frau

Ole taler med sin kone.
 ... mit der eigenen Ehefrau
Ole taler med hans kone.
 ... mit der Ehefrau eines anderen Mannes

Bente kigger på sin strømpe
Hanne kigger på hendes strømpe

Børge kigger på sin sko.
Per kigger på hans sko.

(*strømpe* – Strumpf; *sko* – Schuh)

sin/sit/sine kann nie Teil des Subjekts sein, in dem Fall heißt es immer *hans* oder *hendes*:

> *Inger og hendes mand taler sammen.*
> *Ole og hans kone taler sammen.*

Die Possesivpronomen *vores*, *jeres*, *deres* haben nur eine Form, genau wie *hans* und *hendes*; *sin/sit/sine* richten sich dagegen nach dem Substantiv:

et hus	**en** bil	**3** børn
sit hus	sin bil	sine børn
vores hus	vores bil	vores børn
jeres hus	jeres bil	jeres børn
deres hus	deres bil	deres børn

Übungen

1

Setzen Sie *hans*, *hendes* oder *deres* ein:

Det er Eriks værelse. Det er *hans* værelse.
Det er Lenes søn. Det er *hendes* søn.
Det er Bent og Arnes bil. Det er *deres* bil.

1. Det er Ingers seng. Det _____ seng.
2. Det er Herbert og Ritas hus. Det er _____ hus.
3. Det er Lones bog. Det er _____ bog.
4. Det er Hans og Birthes soveværelse. Det er _____ soveværelse.
5. Det er Peters stol. Det er _____ stol.
6. Det er Karens arbejdsværelse. Det er _____ arbejdsværelse.
7. Det er Toves ordbog. Det er _____ ordbog.
8. Det er Oles sofa. Det er _____ sofa.

en ordbog – ein Wörterbuch

2

Setzen Sie *sin*, *sit* oder *sine* ein:

1. Jesper ser på _____ ur. (et ur)
2. Lone taler med _____ mand. (en mand)
3. Hun kommer sammen med _____ børn. (et barn)
4. Lars skriver til _____ datter. (en datter)
5. Sussie er på _____ værelse. (et værelse)
6. Lene fortæller om _____ ferie. (en ferie)

3

Setzen Sie *min*, *hans*, *hendes*, *vores* oder *deres* ein:

Hej – jeg hedder Arne Lund.
Hanne er ... kone.
... datter hedder Inge og ... søn Lars.

Det er min bror Ole, ... kone Anne
og ... datter Karen.
... mand hedder Sten.

Hanne + Arne
Inge + Lars

Ole + Anne
Karen + Sten

4

Setzen Sie Possessivpronomen nach folgenden Mustern ein:

Er det dine bøger? – Nej, det er ikke *mine*.
Er det din lighter? – Nej, det er ikke *min*.

1. Er det her din bog? - Nej, det er ikke
   _____.

2. Er det dér jeres bil? - Nej, det er ikke
   _____.

3. Er det her mit skab? - Nej, det er ikke
   _____.

4. Er det dér vores sommerhus? - Nej, det
   er ikke _____.

5. Er det her dit værelse? - Nej, det er ikke
   _____.

6. Er det dér vores cigaretter? - Nej, det
   er ikke _____.

7. Er det dér dine tændstikker? - Nej, det
   er ikke _____.

8. Er det dér vores bord? - Nej, det er
   ikke _____.

9. Er det her mit værelse? - Nej, det er
   ikke _____.

10. Er det jeres billeder? - Nej, det er
    ikke _____.

5

Sie kommen am Kopenhagener Flughafen Kastrup an. Ein Zeitungsreporter, der einen Bericht über ausländische Gäste in Dänemark vorbereitet, spricht Sie an. Ergänzen Sie den Dialog:

R.: Goddag og velkommen til Danmark! Hvor er De fra?

Du: _____

R.: Hvor i Tyskland bor De?

Du: _____

R.: Har De familien/nogen venner med?

Du: _____

R.: Er De på ferie?

Du: _____

R.: Hvor bor De her i Danmark? - På hotel?

Du: _____

R.: Kan De li' Danmark?

Du: _____

R.: Må jeg be' om Deres navn?

Du: _____

R.: Må jeg spørge, hvor gammel De er?

Du: _____

R.: Mange tak! Jeg vil gerne skrive om det her i min avis. God ferie!

Du: _____

6

Beantworten Sie die Fragen mit einem vollständigen Satz:

1. Kan du veksle den her 500-kroneseddel?
2. Må jeg få dit telefonnummer?
3. Hvor mange børn har du?
4. Hvor mange personer kommer der til din fødselsdag?
5. Har du ferie i juli?
6. Taler du dansk?
7. Kan du li' at tale dansk?
8. Hvornår har du fødselsdag?
9. Kommer du med hjem?
10. Må jeg låne din bil?

7

Bilden Sie Fragen zu den Antworten:

a. Jeg har fødselsdag i april.
b. Nej, men jeg har tændstikker.
c. Ja, det er min bog.
d. Jeg bor i Tyskland.
e. Jeg har ferie i juni.
f. Nej, det er ikke vores bil.
g. Ja, du må gerne låne min bog.
h. Nej, jeg har ikke nogen bil.
i. Nej, det er heller ikke mine tændstikker.
j. Jeg kommer i juli.

8

Schreiben Sie 10 Bitten mit:
Vil De være (så) venlig at ... und
Vil du ikke godt ... .

Benutzen Sie dabei die Verben *skrive, tale, se på, veksle, købe.*

9 📼 **18**

Hören Sie sich das Telefongespräch zweier Freundinnen an und entscheiden Sie, ob die Aussagen richtig oder falsch sind:

	rigtigt	forkert
1. Anne har det ikke godt.	❏	❏
2. Lene har fødselsdag.	❏	❏
3. Olav bliver 35.	❏	❏
4. Olav har ikke mange venner.	❏	❏
5. Det bliver ikke nogen stor fest.	❏	❏
6. Lene glæder sig til festen.	❏	❏

10 📼 **19**

Aussprache: *l* oder „weiches *d*"

a. Hören Sie von der Cassette/CD jeweils zwei Wörter, die zwar ähnlich klingen mögen, sich aber doch in der Aussprache von *l* oder *d* unterscheiden. Sprechen Sie nach.

gale	gade
hele	hede
hvile	vide
sile	side
mole	mode
vild	hvid
guld	gud
uld	ud

b. Hören Sie nun von der Cassette/CD jeweils zwei Wörter, die ähnlich klingen, und kreuzen Sie an, ob der Laut in der Mitte oder am Ende gleich oder nicht gleich ist.

	gleich	nicht gleich
a.	❏	❏
b.	❏	❏
c.	❏	❏
d.	❏	❏
e.	❏	❏
f.	❏	❏
g.	❏	❏
h.	❏	❏

11 📼 **20**

Aussprache: Satzbetonung

Hören Sie Folgendes von der Cassette/CD und sprechen Sie nach:

Hvad hedder det her på dansk?
Hvad betyder det dér?
Undskyld! Det forstod jeg ikke.
Hvabehar?
Vil du ikke godt tale lidt langsommere?
Jo, selvfølgelig.

Lektion 7

Tipps zum Sprachenlernen

In dieser Lektion lernen Sie die bestimmte Form Plural bei Substantiven kennen, z. B. die Stühle – *stolene*. Diese Form wird zunächst etwas ungewohnt für Sie sein, aber Sie können selbst wesentlich dazu beitragen, dass es nicht so bleibt. Beziehen Sie das Sprachenlernen in Ihren Alltag ein und verknüpfen Sie die Dinge in Ihrer Umgebung mit den dänischen Vokabeln. Sehen Sie z. B. einen Tisch, dann sagen Sie sich *bord* – und nun könnten Sie noch die Pluralformen hinzufügen: *borde, borde-ne*. Sie werden erstaunt sein, wie viel leichter die Vokabeln und ihre verschiedenen Formen in Ihrem Gedächtnis haften bleiben.

Sie kennen doch sicher Klebe-Memos: Das sind kleine Blöcke mit Seiten zum Abreißen, die einen schmalen Klebestreifen haben. Notieren Sie die neuen Vokabeln auf diese Zettel und heften Sie sie an die entsprechende Stelle (z. B. *bord* an den Tisch) oder dorthin, wo Sie häufig hinblicken. Sie können auch sinnvolle Wortverbindungen oder kleine Sätze mit den Wörtern auf die Zettel schreiben, z. B. *Jeg vil gerne se på nogle borde. Bordene her er alle billige.* Natürlich können Sie solche Sätze auch nur im Kopf bilden.
Auf diese Weise lernen Sie Grammatik nicht als sture Regel, sondern sinnvoll angewandt. Diese Methode lässt sich auf alle Bereiche der Grammatik übertragen.

Anmerkungen

zu 4
Achten Sie auf Folgendes, wenn Sie nach der Uhrzeit fragen oder Auskunft darüber geben:

> *Hvad er klok**ken**?*
> ****Den*** er ...*
> *Kan du sige mig, hvad klok**ken** er?*
> *Ja, **den** er ...*

Im letzteren Fall verändert sich die Wortstellung gegenüber dem ersten.

zu 8
Im Gegensatz zum Deutschen ist *Ih!* ein Ausruf der Freude.

Rutebil bezeichnet einen Linienbus. Dieser Begriff wird besonders für Busse verwendet, die auf dem Lande als öffentliche Verkehrsverbindung (Route) zwischen den Städten und Dörfern dienen. Bei Verkehrsmitteln in der Stadt oder bei Reisebussen spricht man von *bus, -sen*.

zu 10
Sejle bedeutet nicht nur „segeln", sondern allgemein „auf dem Wasser fahren". Deshalb kann man sagen:

> *Færgen sejler kl. 15.*
> *Vi sejler til New York med en fragtdamper.*

Beachten Sie außerdem:
ankomst Ankunft
afgang Abfahrt

Zur Grammatik

Zeitbestimmungen

om ...-en/-et

om aftenen	abends, am Abend
om tirsdagen	dienstags, am Dienstag
om året	jährlich, im Jahr
om dagen	täglich, tagsüber, am Tage

Diese Form (*om* + bestimmte Form des Substantivs) wird immer dann benutzt, wenn man eine generelle Aussage in Bezug auf die Zeit macht:

Kiosken har lukket om aftenen.
Bageren har lukket om mandagen.
Vi har én stor fest om året.
Hun kommer kun om dagen.

på + Wochentag

på tirsdag	am folgenden Dienstag
på søndag	am folgenden Sonntag

Diese Form (*på* + Wochentag) wird dagegen immer dann benutzt, wenn der kommende Wochentag gemeint ist.

Präsens für Zukünftiges (s. auch Lekt. 22)

Der Sprachgebrauch ist wie im Deutschen: Die Gegenwartsform verwendet man, wenn durch den Kontext klar ist, dass es sich um Zukünftiges handelt, z. B.

Jeg kommer på lørdag.
Der sejler en færge om aftenen.
Rutebilen kommer klokken 14.10.

Vi ses

Sicher haben Sie schon bemerkt, dass das Verb hier nicht, wie Sie es kennen, mit einem *-r* endet.
Ses gehört wie auch *mødes* zu einer kleinen Gruppe von Verben mit einer *s*-Form. Diese

Form bedeutet, dass Personen etwas gemeinsam tun. (Wir sehen/treffen uns). Ebenso weicht das Wort *synes* von der Norm ab.

Vi ses på mandag.
  Wir sehen uns Montag.
Vi kan mødes næste lørdag.
  Wir können uns nächsten Sonnabend treffen.

Hvad synes du?
  Was findest du?

Substantive: Die bestimmte Form des Plurals

Die Bildung der bestimmten Form des Plurals ist einfach – man hängt die Endung *-ne* an die unbestimmte Form:

to stole	*stolene*
to borde	*bordene*
to sofaer	*sofaerne*
to reoler	*reolerne*

Substantive, die keine Mehrzahlendung haben, wie z. B. *et fjernsyn – 2 fjernsyn*, erhalten in der bestimmten Form des Plurals vor der Endung *-ne* ein Gleit-*e*:

to fjernsyn	*fjernsyn-e-ne*
to mænd	*mænd-e-ne*

Hvis (s. auch Lektion 25)

Mit *hvis* (wenn, falls) werden Bedingungssätze eingeleitet:

Hvis der er en afgang, vil jeg gerne sejle kl. 11.
Hvis du kommer med rutebilen, henter jeg dig ved stoppestedet.

Übungen

1

Hvad er klokken? – Schreiben Sie:

1. Den er …   2. Den er …   3. Den er …   4. Den er …

5. Den er …   6. Den er …   7. Den er …   8. Den er …

2

Hochwasser in Nordschleswig. Schreiben Sie die „offiziellen" Zeiten:

1. _kl. fire-syvogfyrre_ _____
2. _____
3. _____
4. _____
5. _____

Højvande i Nordslesvig

Fredag:

Rømødæmn.	kl. 4.47, 17.12
Lakolk	kl. 4.30, 16.32
Højer sluse	kl. 5.10, 17.35
Koldby	kl. 5.07, 17.32
Ballum sluse	kl. 4.52, 17.17

3

Kreuzen Sie die möglichen Antworten an: (Es können mehrere sein!)

1. Hvad tid kommer du?
   - ❏ a. På tirsdag.
   - ❏ b. Om onsdagen.
   - ❏ c. Klokken otte.

2. Henter du mig ved bussen?
   - ❏ a. Nej, jeg kan desværre ikke.
   - ❏ b. Nej, jeg skal til frisør.
   - ❏ c. Ja, gerne.

3. Hvornår kan du komme?
   - ❏ a. På onsdag.
   - ❏ b. Klokken tre.
   - ❏ c. Næste måned.

4. Kan du sige mig, hvad klokken er?
   - ❏ a. Om morgenen.
   - ❏ b. Den er syv minutter over ti.
   - ❏ c. På fredag.

5. Hvornår ankommer toget fra Esbjerg?
   - ❏ a. Om søndagen.
   - ❏ b. I weekenden.
   - ❏ c. Kl. 14.05.

4

Tragen Sie die fehlenden Wochentage ein:

5

Was sagen Sie, wenn ...

1. Sie jemanden nach der Uhrzeit fragen?
2. Sie jemanden fragen, wann er kommt?
3. Sie ankündigen, dass Sie am folgenden Samstag kommen?
4. Sie darauf hinweisen, dass Sie morgens kommen?
5. Sie mitteilen, dass Sie am nächsten Freitag leider nicht kommen können?
6. Sie sich danach erkundigen, wann der Bäcker öffnet?
7. Sie etwas bestätigen?
8. Sie jemandem versprechen, ihn vom Flughafen abzuholen?
9. Sie fragen, wann der Zug nach Odense fährt?
10. Sie ausdrücken wollen, dass Sie etwas ganz toll/schön finden?

6

Tragen Sie die folgenden Zeitbegriffe in der richtigen Form ein:

sekund – minut – time (2x) – dag – uge (2x) – måned

1. 1 måned har 4 til 5 _____.
2. 1 time har 60 _____.
3. 1 uge har 7 _____.
4. 1 år har 12 _____.
5. 1 minut har 60 _____.
6. 1 dag har 12 _____.
7. 1 døgn har 24 _____.
8. 1 år har 52 _____.

7

Schreiben Sie nach folgendem Muster:

Hvad koster stolene?

Hvad koster billederne?

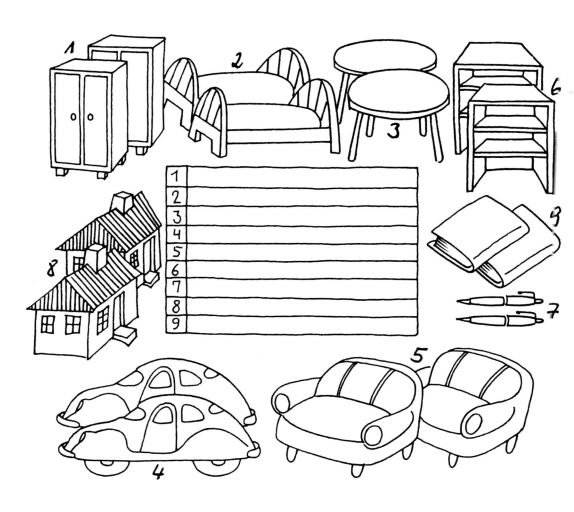

8

Tragen Sie die fehlenden Formen ein:

Singular		Plural	
unbestimmt	*bestimmt*	*unbestimmt*	*bestimmt*
et sekund	sekundet	sekunder	sekunderne
et minut	minuttet	minutter	minutterne
	timen		timerne
en dag		dage	
en		uger	
en måned			
et år		år	
et			husene
	værelset		
en		stole	
et			bordene
et barn		børn	
	sønnen		
en		døtre	
en			gårdene
en gade			
et		veje	

9

Sie rufen die Auskunft der dänischen Staatsbahnen an, um sich nach den Zugverbindungen von Kopenhagen nach Hamburg zu erkundigen. Notieren Sie die Zeiten.

10

Aussprache: *l* oder „weiches *d*"

Sie hören eine Reihe von Wörtern von der Cassette/CD. Kreuzen Sie an, ob Sie ein *d* oder ein *l* hören.

	l	d
a	❏	❏
b	❏	❏
c	❏	❏
d	❏	❏
e	❏	❏
f	❏	❏
g	❏	❏
h	❏	❏
i	❏	❏
j	❏	❏
k	❏	❏
l	❏	❏

11

Aussprache: Satzbetonung

Hören Sie Folgendes von der Cassette/CD und sprechen Sie nach:

Hvad er klokken?
Den er tyve minutter over tolv.
Kan du sige mig, hvad klokken er?
Hvad tid kommer du?
Jeg henter dig i lufthavnen.
Vi ses ved stoppestedet.

Tipps zum Sprachenlernen

Sicher reizt es Sie, bei einem Dänemark-aufenthalt eine dänische Illustrierte oder Zeitung zu kaufen. Vielleicht haben Sie es bereits getan und waren frustriert darüber, wie viele Wörter Sie nicht kannten und evtl. gar nachgeschlagen haben. Wie beim Hören ist jedoch auch beim Lesen unbekannter Texte entscheidend, wie man an die Sache herangeht. Auch hier gilt, dass nicht jedes einzelne Wort verstanden werden muss, um den Sinn bzw. Inhalt eines Textes zu erfassen. Geschriebene Texte haben den Vorteil, dass man sie wiederholt lesen kann, viele unbekannte Wörter erschließen sich aus dem Sinnzusammenhang. Nur Schlüssel-wörter, die das Verstehen insgesamt blockieren, werden nachgeschlagen. Oft lässt sich aus der Überschrift oder aus Illustrationen erkennen, worum es geht. Freuen Sie sich beim Lesen darüber, wie viel vom Inhalt eines Artikels Sie verstehen, und lesen Sie so viel wie möglich.

Anmerkungen

zu 1

I stuen bezeichnet bei Etagenwohnungen das Parterre, *første/anden/tredje (sal)* dagegen die 1./2./3. Etage. Oft wird *sal* ganz fortgelassen, z. B. *Jeg bor på anden til venstre* (Ich wohne im 2. Stock links).

Bei Adressen von Etagenwohnungen ist es üblich, die Etage mit anzugeben, z. B.

Amaliegade 17 st.th.   (*stuen til højre*)
Storegade 41 5.tv.   (*femte til venstre*)

zu 3

Es gibt verschiedene Möglichkeiten, ein Datum zu schreiben; hier die häufigsten:

geschrieben	gesprochen
3. august 1998	**den tredje august**
3. 8. 1998	**den tredje august**
3/8 - 98	oder: *den tredje i ottende*

zu 6

Die meisten Dänen nehmen erst abends eine warme Mahlzeit ein. Diese warme Mahlzeit nennt man *middag*, was wohl auf veränderte Lebensgewohnheiten zurückzuführen ist, denn früher war es allgemein üblich, mittags warm zu essen. Wird man also *til middag* eingeladen, ist damit eine warme Mahlzeit am Abend gemeint.

Zur Grammatik

Ordnungszahlen

Die Ordnungszahlen sind nur bis 31 aufgeführt, da man höhere Zahlen in der Praxis kaum gebraucht, bei der Datumsangabe jedoch bis 31 geht.

Im deutschen Sprachgebrauch verwendet man oft höhere Ordnungszahlen, z. B. zum fünfzigsten Geburtstag. Im Dänischen drückt man dies anders aus, z.B.:

Til lykke med 50 års fødselsdagen!
Til lykke med de 50!

Zukünftiges mit den Modalverben *skal* und *vil*

Diese beiden Modalverben werden gebraucht, um **Zukünftiges** auszudrücken, *skal* mehr in Verbindung mit **Plänen,** z. B.

Jeg skal til fest på lørdag.
Skal du besøge din kæreste på fredag?

vil dagegen mehr in Verbindung mit **Wünschen** oder bei bestimmten **Absichten,** z.B.

Jeg vil gerne besøge en ven i New York.
Vil du med til koncerten på søndag?

Mehr über die Möglichkeiten, Zukünftiges auszudrücken, erfahren Sie in Lektion 12 und Lektion 22.

Übungen

1
Übersetzen Sie und tragen Sie die Wörter ins Kreuzworträtsel ein:
1. Vater
2. Buch
3. Feuerzeug
4. Streichhölzer
5. Brief
6. Bett
7. Mutter
8. Frau
9. Kugelschreiber
10. Tasche
11. Bruder
12. und
13. Zeitung
14. Briefmarke
15. Junge

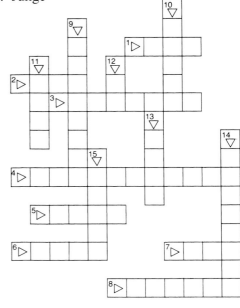

2
Lesen Sie laut nach folgendem Muster:

1.4.1985 – *den første april nitten hundrede femogfirs*

1. 15. 1. 1983
2. 4. 2. 1997
3. 13. 3. 1995
4. 28. 6. 1994
5. 2. 5. 1999
6. 21. 4. 1998
7. 16. 7. 2002
8. 3. 8. 2003
9. 11. 9. 1648
10. 2. 4. 1792

3

Lesen Sie laut nach folgendem Muster:

Hvor længe bliver I? (m. 1/4)
– *Vi bliver til mandag den første april.*

1. f. 15/1 _____
2. l. 4/2 _____
3. s. 13/3 _____
4. o. 28/6 _____
5. ti. 2/5 _____
6. to. 21/4 _____
7. m. 18/8 _____

4

Ersetzen Sie die unterstrichenen Namen durch *hans* oder *hendes*:

1. Bjarnes mor bor i Esbjerg.
2. Hannes søster har fødselsdag på fredag.
3. Lones datter er på forretningsrejse.
4. Ulriks bil er til reparatur.
5. Yvonnes far er 52 år.
6. Vibekes søn har en ny kæreste.
7. Ivans kone kommer ikke til festen.
8. Ullas frisør har ikke tid på lørdag.

5

Ordnen Sie zu:

A. Hvor kommer du fra?
B. Hvordan har du det?
C. Hvem er det?
D. Hvor bor du?
E. Hvad hedder De?
F. Vil du ikke komme på fredag?
G. Kom godt hjem!
H. Farvel!
I. Tak for i aften!
J. Værsgo!

1. Selv tak!
2. I Århus.
3. Fra Odense.
4. Det er Lone.
5. Tak!
6. Tak, godt!
7. Jo tak, det vil jeg gerne.
8. Mit navn er Lone Hansen.
9. Farvel.
10. Tak i lige måde!

A	
B	
C	
D	
E	
F	
G	
H	
I	
J	

6

Setzen Sie die folgenden Wörter ein: *hos (2x) – i (2x) – med (2x) – på (3x) – til (4x) – ved*

1. Han bor _____ fjerde sal.
2. Hun bor _____ stuen.
3. Hun ringer _____ færgekontoret.
4. De kommer _____ færgen.
5. Fru Jensen flyver _____ Mallorca.
6. Han er _____ bageren.
7. Hun er gift _____ en frisør.
8. Kommer du med hen _____ Karin?
9. Hvor længe bliver du _____ Jørgen?
10. De bor i en lejlighed _____ 140 m^2.
11. Hun ser _____ møbler.
12. Vi er inviteret _____ middag.
13. Hun kigger _____ avisen.
14. De kommer _____ seks-tiden.

7

Umschreiben Sie, indem Sie nachstehende Zeitbestimmungen benutzen:

dag – måned – minut – time – uge – weekend – år

1. fra mandag til søndag
2. fra den 14. til den 28. maj
3. fra den 1. til den 31. juli
4. fra mandag til fredag
5. fra fredag til søndag aften
6. fra kl. 10.20 til kl. 10.25
7. fra 1993 til 1996
8. fra klokken to til klokken tre

8

Versuchen Sie, Folgendes herauszufinden, ohne den Text in allen Einzelheiten zu verstehen:

1. Wann hat Anni L. Geburtstag?
2. Und Annis beste Freundin?
3. Und Annis Großmutter?

9 🎧 **24**

Für Ihren Geburtstagskalender lassen Sie sich die Geburtstage einiger Bekannter durchgeben. (Benutzen Sie die Pausentaste, falls nötig.)

Notieren Sie:

1. Lene: _____
2. Margrethe: _____
3. Christian: _____
4. Ole: _____
5. Knud: _____
6. Hanne: _____

● Jeg vil bare fortælle, at ganske vist har vi i vores familie ikke flere, der har fødselsdag på samme dag, men til gengæld kan man næsten sige, at hele november sådan omtrent er én stor fødselsdag. Se bare:

1/11 min tante
2/11 min mor
4/11 mig selv
6/11 min onkel
8/11 også en onkel
9/11 min mors moster
16/11 min mormor
18/11 min far
19/11 min kusine
24/11 min fætter.

Festlige november

November-Anni

Det er bare familien. Jeg har også tre andre fødselsdage, der skal huskes i november. Det er:

3/11 min bedste veninde
4/11 min klassekammerat
23/11 min »reservemormor«.

Så det tør nok siges, at november er en festlig måned.
Anni Lund, 12 år
Kristtornvej 6 B
Århus

Ja, 13 fødselsdagspakker kan det desværre ikke blive til, men en tredobbelt til mor, far og Anni selv er undervejs ekspres til familien Lunds nytårsbord.

Aussprache: stummes *d*

Hören Sie die Wörter von der Cassette/CD. Unterstreichen Sie in jeder Zeile das Wort, in dem Sie ein *d* wie in „Dorothea" hören:

a. Mads   land   fjord   idé
b. kælder   bekendt   tændstik   falde
c. desværre   sand   mord   plads
d. sød   knald   mandag   bord
e. ord   (i) orden vand   Tyskland

Als Faustregel können Sie sich merken, dass ein *d* am Anfang eines Wortes oder einer betonten Silbe immer wie das *d* in „Dorothea" ausgesprochen wird.
Das *d* in Wörtern mit *nd*, *rd* und *ld* ist in der Regel stumm.

Vielleicht finden Sie in den vorangegangenen Lektionen des Lehrbuches noch weitere Beispiele für ein „stummes *d*"? Notieren Sie:

nd *England,* _____
rd *ord,* _____
ld *hold,* _____

Vergleichen Sie in der nächsten Kursstunde mit anderen Kursteilnehmern.

11 **26**

Aussprache: Satzbetonung

Hören Sie Folgendes von der Cassette/CD und sprechen Sie nach:

Kan du sige mig, hvor Hans Johansen bor?
Kan du komme på fredag?
Nej, det kan jeg desværre ikke.
Åh, det er en skam.
Jeg skal til fødselsdag.
Hvornår har du fødselsdag?

Lektion 9

Tipps zum Sprachenlernen

In den Kursstunden werden hauptsächlich die Fertigkeiten Hören, Verstehen und Sprechen geübt, das Schreiben dient hier meistens nur als unterstützende Maßnahme. In den vorangegangenen Tipps zum Sprachenlernen haben Sie bereits viele Möglichkeiten kennengelernt, wie Sie zu Hause etwas schriftlich festhalten, damit die neue Sprache besser haften bleibt. Von den Klebe-Memos war bereits die Rede, aber auch kleine Kartei-Karten lassen sich vielfältig verwenden und haben den Vorteil, dass man sie überallhin mitnehmen kann. Schreiben Sie typische Ausdrücke und Redewendungen, die Ihnen wichtig erscheinen, oder Vokabeln, die für Sie schwierig zu behalten sind, auf Kärtchen und lesen Sie diese, wenn sich irgendwo die Gelegenheit dazu ergibt, z. B. im Wartezimmer beim Arzt oder in der U-Bahn.

In Ihr Ringbuch können Sie Ihren Tagesablauf oder eine kleine Geschichte mit den neuen Wörtern der Lektion schreiben. Sie könnten einen Reim, der Ihnen besonders gefällt, einen Witz oder eine witzige Überschrift abschreiben.

Briefkontakte zu Dänen machen Spaß und lassen sich heute über E-Mails leicht herstellen.

Anmerkungen

zu 1
Mahlzeiten

Wie bereits erwähnt, nehmen die Dänen meistens erst abends eine warme Mahlzeit ein. Diese Mahlzeit nennt man *middag*. In der Alltagssprache sagt man:

Jeg spiser til middag.
Jeg spiser middagsmad.

Mittags dagegen wird eine leichte, oft kalte Mahlzeit eingenommen: *frokost*.
Frokost kann bei besonderen Anlässen aber auch eine sehr ausgiebige Mahlzeit bedeuten, bestehend aus vielen verschiedenen Gängen. Es wird immer mit Hering (*sild*) in verschiedenen Marinaden begonnen, darauf können Krabben, Lachs und geräucherter Fisch wie z. B. Aal folgen. Dann kommen ein bis zwei warme Gerichte, bei weniger aufwendigen Gelegenheiten gebratenes Schollenfilet und Hähnchen. Darauf folgt Leberpastete (*leverpostej*) und verschiedener Aufschnitt und zuletzt Käse und Obst. Zum Essen wird Bier und Aquavit gereicht und als Abschluss Kaffee mit Gebäck.
Grundsätzlich ist *frokost* die Bezeichnung für eine Mahlzeit zur Mittagszeit (Lunch). Aber auch hier gibt es eine Ausnahme, nämlich die feucht-fröhliche Betriebsfeier vor Weihnachten: *julefrokost*. Diese findet meistens abends nach Feierabend statt.
Soll bei den Mahlzeiten betont werden, dass es sich um die abendliche Mahlzeit handelt, spricht man auch von *aftensmad*.

Zur Grammatik

Reflexivpronomen

jeg vasker **mig**
du vasker **dig**
han/hun vasker **sig**
vi vasker **os**
I vasker **jer**
de vasker **sig**

Die Reflexivpronomen treten wie im Deutschen zusammen mit bestimmten Verben auf, z.B.

Jeg **glæder mig** *til min fødselsdag.*
Karsten **barberer sig** *om morgenen.*

Inversion

Wie im Deutschen kann man im Dänischen ein Satzglied besonders hervorheben, indem man es an den Anfang eines Satzes stellt:

Jeg står *op* _klokken syv._
Klokken syv **står jeg** *op.*

Der er *mange sommerhuse* _i Danmark._
I Danmark **er der** *mange sommerhuse.*

Jeg drikker *aldrig* _te._
_Te_ **drikker jeg** *aldrig.*

Wie im Deutschen verändert sich dann die Wortstellung:

Hervorzuhebendes Satzglied	Prädikat	Subjekt	
Klokken syv	*står*	*jeg*	*op.*
Om aftenen	*arbejder*	*Lars*	*hjemme.*
I Danmark	*er*	*der*	*mange sommerhuse.*
I skolen	*sover*	*Karsten*	*altid.*
_Te_	*drikker*	*jeg*	*aldrig.*
Varm mad	*spiser*	*vi*	*først om aftenen.*

Hjem – hjemme (s. auch Lektion 23 und Grammatikübersicht im Anhang)

Ortsadverbien haben im Dänischen zwei Formen: mit und ohne *e*-Endung.

 hjemme

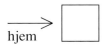 hjem

Das Ortsadverb mit *e*-Endung bezeichnet, was an einem Ort geschieht (man könnte „Wo?" fragen):
   hjemme – zu Hause
   Jeg arbejder hjemme.
   Hun er ikke hjemme.
   Er du hjemme klokken ti?
   Hils hjemme!

Das Ortsadverb ohne *e*-Endung drückt eine Bewegung hin zu etwas aus (man könnte „Wohin?" fragen):
   hjem – nach Hause
   Hvornår kommer du hjem?
   Jeg kører hjem med bussen.
   Jeg går hjem efter aftenskolen.
   Kommer du med mig hjem?

Übungen

1

Setzen Sie folgende Wörter ein:

aftenkaffe – frokost – mad – middagsmad – morgenmad – te

Om morgenen spiser jeg _____ klokken syv. Så cykler jeg på arbejde. Klokken tolv kører jeg hjem. Her spiser jeg _____ og arbejder i huset eller haven til klokken fire. Så drikker jeg _____ og slapper af til klokken fem. Så laver jeg _____. Vi spiser _____ klokken seks. Klokken otte drikker vi _____.

2

Beantworten Sie die Fragen auf Dänisch:

1. Wann stehen Sie auf?
2. Wann frühstücken Sie?
3. Wann fahren Sie zur Arbeit?
4. Wann kommen Sie von der Arbeit nach Hause?
5. Wann essen Sie abends?
6. Was machen Sie dann?
7. Wann gehen Sie ins Bett?

3

Setzen Sie die folgenden Wörter ein:

mig – dig – sig (3x) – os – jer

1. Jeg glæder _____ til weekenden.
2. Thomas vasker _____ ikke om morgenen.
3. I sommerhuset vasker de _____ i køkkenet.
4. Glæder I _____ til flyrejsen til Rom?
5. Hun glæder _____ til at se sin mand.
6. Du kan vaske _____ nu!
7. Vi glæder _____ til at høre fra jer!

4

Bilden Sie die Sätze nach dem Muster um:

Jeg arbejder i haven *om eftermiddagen.*
Om eftermiddagen arbejder jeg i haven.

1. Jeg står op *klokken otte.*
2. Han arbejder i huset *om søndagen.*
3. Han er på arbejde *om formiddagen.*
4. Vi kan drikke kaffe *klokken tre.*
5. Hun laver mad *i weekenden.*
6. Han har fødselsdag *den 4. marts.*
7. Børnene cykler i skole *lidt i otte.*

5

hjem oder *hjemme*? – Tragen Sie ein:

1. Hun er ikke _____ før klokken ti.
2. De spiser _____.
3. Han kommer _____ klokken seks.
4. Hun arbejder _____ på kontoret.
5. Vi kan drikke kaffe _____.
6. Hils _____!
7. Kom godt _____!
8. Tror du, at Ole er _____?
9. Jeg går _____ nu!

6

Lesen Sie den Text (9.3) noch einmal und tragen Sie ins Schema ein, was die Personen wahrscheinlich zu den verschiedenen Zeitpunkten tun.

klokken	Birthe	Hans	Thomas	Erik
6.15				
7.00				
8.00				
10.00				
13.00				
13.45				
14.30				
18.05				
20.00				
20.45				
21.05				
22.00				
24.00				

7

Lenes Bericht ist etwas durcheinander geraten. Schreiben Sie die Geschichte in der richtigen Reihenfolge:

Lene fortæller:

Så laver jeg mad. - Bagefter arbejder jeg til klokken fem, går på indkøb og cykler hjem. - Jeg står op klokken syv om morgenen. - Efter middagsmaden slapper jeg af og ser fjernsyn. - Så har jeg en frokostpause. - Jeg tager brusebad og spiser så morgenmad. - Jeg arbejder til klokken tolv. - Klokken otte cykler jeg på arbejde. - Jeg spiser i kantinen og læser avis.

Neue Wörter: *pause, -n, -r* – Pause
    kantine, -n, -r – Kantine

8

Vervollständigen Sie die Sätze. Oft gibt es mehrere Möglichkeiten:

1. Ole læser ...
2. Lone går ...
3. Hans ser ...
4. Sanne snakker ...
5. Birthe vil gerne have ...
6. Vi har ...
7. Flemming vasker ...
8. Henning arbejder ...
9. Birthe køber ...
10. Ingrid laver ...

9 27

Sie hören etwas über den Tagesablauf Christians an einem bestimmten Wochentag. Kreuzen Sie an, was er macht:

- ❏ 1. Han sover længe.
- ❏ 2. Han går på arbejde.
- ❏ 3. Han gør rent.
- ❏ 4. Han vasker tøj.
- ❏ 5. Han laver mad.
- ❏ 6. Han læser søndagsavisen.
- ❏ 7. Han spiser på restaurant.
- ❏ 8. Han rydder op.
- ❏ 9. Han cykler en tur.
- ❏ 10. Han slapper af.

10 28

Aussprache: Der Konsonant *g*

Wie im Deutschen wird das *g* am Anfang eines Wortes voll ausgesprochen (*gade*, *goddag*, *gammel*).

Anders verhält es sich, wenn sich das *g* mitten im Wort oder am Ende befindet. Hören Sie die Wörter von der Cassette/CD – sie werden spaltenweise gelesen – und kreisen Sie das *g* ein in den Wörtern, in denen Sie tatsächlich ein volles *g* wie z. B. in *gammel* hören.

jeg	bjerg	piger	bog	mulig
mig	Ålborg	siger	noget	dårlig
bag(efter)	morgen	tilbage	nogle	dejlig
mandag	selvfølgelig	uge	og	hjertelig
(det) regner	bølge	dage	tag	lejlighed

Es ist erstaunlich, nicht? Das *g* wird immer weich ausgesprochen bzw. entfällt (vergleichen Sie mit den Wörtern oben):
- am Ende eines Wortes oder einer Silbe
- nach *r* oder *l*
- vor einem unbetonten Vokal
- nach einem Vokal

Zu schwierig? Sie können sich auf jeden Fall merken, dass das *g* am Anfang eines Wortes, in Wörtern mit *gg* (*ligge*) und oft in Wörtern mit *-gt-* (*rigtig*, *vigtig*) anklingt, in allen anderen Fällen meistens stumm ist oder zumindest weich ausgesprochen wird.

11 29

Aussprache: Satzbetonung

Hören Sie Folgendes von der Cassette/CD und sprechen Sie nach:

Hvornår står du op?
Hvornår spiser du til middag?
Spiller du også fodbold?
Laver du eller din kone mad?
Kom godt hjem.
Tak i lige måde.

Tipps zum Sprachenlernen

Sie haben es bereits gemerkt: Je öfter Sie sich mit der neuen Sprache beschäftigen, desto besser prägt sie sich ein. Beziehen Sie die Sprache einfach spielerisch in Ihren Alltag mit ein. Möglichkeiten gibt es genug:

— Sprechen Sie Telefonnummern im Geiste auf Dänisch.
— Dasselbe können Sie mit den Nummern voranfahrender Autos machen,
— ebenso mit Preisen oder Uhrzeiten.
— Stellen Sie einer Person, die Ihnen irgendwo gegenübersitzt, im Geiste Fragen.
— Notieren Sie Ihre Einkaufsliste einmal auf Dänisch.
— Sprechen Sie mit sich selbst auf Dänisch.

Sie werden erstaunt sein, wie viele Gelegenheiten Ihnen einfallen werden, wenn Sie erst einmal beginnen.

Und denken Sie immer daran: Fehler machen ist erlaubt. Wenn Sie sich viel mit der Sprache beschäftigen und Ihre Möglichkeiten nutzen, werden die Fehler von selbst immer weniger.

Anmerkungen

zu 1
undskyld

Undskyld wird immer bei Entschuldigungen gebraucht, hier z. B. wenn man jeman-den auf der Straße anspricht (*Undskyld, kan du sige mig, ...*), aber auch, wenn man sich für ein Versehen entschuldigt, z. B.

> *Undskyld!*
> Verzeihung! Entschuldige/n Sie!
> *Åh, undskyld.*
> Oh, Verzeihung.
> *Det må du undskylde!*
> etwa: Das tut mir leid.
> *Det gør ikke noget!*
> Das macht nichts! wäre die angemessene Reaktion bei einer Entschuldigung für ein Versehen.

Hvor langt ...

Fragt man nach dem Abstand zu einem Ort, also: „Wie weit ist es...?" sagt man im Dänischen *Hvor langt er der ...?*

zu 3
Hvorfor? – Fordi!

Fragt man nach einem Grund, verwendet man *hvorfor* (warum, weshalb), z. B.

> *Hvorfor kan du ikke komme?*
> *Hvorfor vil du ikke leje huset?*

Die Begründungen würde man einleiten mit *fordi* (weil), z. B.

> *Jeg kan ikke komme, fordi jeg skal på arbejde.*
> *Jeg vil ikke leje huset, fordi det er for dyrt.*

zu 4

Die Briefe bilden Muster für Briefe etwas formellerer Art:

```
Til oder Hr./Fru                    Datum
Vor- und Nachname
Anschrift des Empfängers


Evtl. Kære (Vor- und Nachname, falls
Name des Empfängers bekannt)



Med venlig hilsen
Unterschrift
Anschrift des Absenders
```

Im Dänischen kennt man die Anredeform „Sehr geehrte(r) ..." nicht.

zu 6

Die örtlichen Fremdenverkehrsvereine (*turistinformation* oder *turistforening*) vermitteln meistens Ferienhäuser in ihrem Gebiet.

zu 9

Sie wissen, dass „danke gleichfalls" im Dänischen *Tak i lige måde* heißt. Wie im Deutschen lässt sich so ein Ausdruck natürlich variieren:

Ja tak – i lige måde! Ja danke – gleichfalls.
I lige måde! Gleichfalls!

Zur Grammatik

Der

Bei einem Subjekt in unbestimmter Form wird *der* als sogenannte Subjektstütze an die Stelle des Subjekts gesetzt, z. B.

Der er tre lamper i stuen.
Der sejler en færge kl. 2.
Der kommer ikke mange personer.

Dies gilt auch in Fragen:

Er der et badeværelse i sommerhuset?
Er der en købmand i nærheden?

Der wird ebenso bei den Hilfsverben *være* oder *blive* in Verbindung mit einem Adjektiv und einer Ortsangabe gebraucht:

Der er langt til Ringkøbing.
Der bliver varmt i stuen.

In Fragen:

Er der langt til sommerhuset?
Hvor langt er der til sommerhuset?
Kan du sige mig, hvor langt der er til sommerhuset? (Achten Sie hier auf die veränderte Wortstellung.)

Verben: Stamm/Imperativ

Nehmen wir vom Infinitiv das Endungs-*e* fort, haben wir den Imperativ des Verbes gebildet. Dieser ist mit dem Stamm identisch.

Infinitiv	Imperativ	Beispiel
ringe	*ring*	*Ring til 86 27 03 04.*
tale	*tal*	*Tal med Iris.*
snakke	*snak*	*Snak med en anden på holdet.*
komme	*kom*	*Kom godt hjem!*

Den Imperativ findet man in kurzen Anweisungen, z. B. in Kochrezepten, Bedienungsanweisungen oder in Lehrbüchern (*Snak med en anden på holdet!*) oder in Aufforderungen, z. B. in der Werbung, und bei Wünschen (*Kom godt hjem!*).

Personalpronomen

In den ersten Lektionen haben Sie Personalpronomen vor allem als Subjekt in einem Satz kennengelernt. Personalpronomen haben jedoch z. T. eine andere Form, wenn sie im Satz als Objekt oder nach einer Präposition, also nicht als Subjekt, stehen. Sehen Sie selbst:

		Subjekt	Objekt / nach Präpositionen
Einzahl			
	1. Person	*jeg*	*mig*
	2. Person	*du/De*	*dig/Dem*
	3. Person	*hun/han*	*hende/ham*
		den/det	*den/det*
Mehrzahl			
	1. Person	*vi*	*os*
	2. Person	*I/De*	*jer/Dem*
	3. Person	*de*	*dem*

Beispiele für Personalpronomen als Objekt (1. Beispiel) oder nach Präpositionen (2. Beispiel):

mig	*Kan du hjælpe mig med det her?*
	Hvornår kommer du til mig?
dig	*Jeg kommer og besøger dig på lørdag.*
	Her har jeg et lille billede til dig.
hende	*Ole kan ikke li' hende.*
	Jeg venter ikke på hende.
ham	*Lise henter ham ved færgen.*
	Har du ikke en cigaret til ham?
den	*Jeg henter den på mandag.*
	Se på den!
det	*Jeg har lige læst det.*
	Jeg vil gerne kigge på det.
os	*Karsten kan ikke li' os.*
	Kom op til os på lørdag.
jer	*Er det jer?*
	Jeg har noget til jer.
dem	*Han køber dem.*
	Jeg har en bog til dem.

Übungen

1

Schreiben Sie auf einem getrennten Blatt nach den folgenden Mustern:

Hvornår kommer I?

8.15: *Vi kommer kvart over otte/otte-femten.*

l. 15/5: *Vi kommer lørdag den femtende marts.*

1. 10.30
2. 11.45
3. s. 2/4
4. ti. 3/5
5. 13.45
6. 20.05
7. o. 1/6
8. f. 24/12
9. 21.30

2

Setzen Sie die folgenden Wörter in der richtigen Form ein:

ferie - håbe - langt - leje - købmand - person - seng - sommerhus - sovesofa - uge

Til
Turistforeningen
DK-9480 Løkken

Vi vil gerne _____ et _____ i Løkken. Vi har _____ i juli og vil gerne leje huset i tre _____. Vi er fem _____, og vi vil ikke have en _____ i stuen, men fem rig- tige _____. Vi _____, at De har et sommerhus, hvor der ikke er _____ til stranden og til _____.

Med venlig hilsen

3

Bilden Sie Fragen zu den Antworten:

1. _____ – Der er 56 km til Esbjerg.
2. _____ – Sommerhuset er ledigt fra 1/5-6/8.
3. _____ – Huset har fire soveværelser.
4. _____ – Der er 8 sovepladser.
5. _____ – Der er 500 m til købmanden.
6. _____ – Ja, der er køleskab i huset.
7. _____ – Ja, der er en strand i nærheden af huset.
8. _____ – Sommerhuset koster 2900 kr. pr. uge.
9. _____ – Den er kvart over fem.
10. _____ – Det er onsdag.

4

Vervollständigen Sie die Sätze. Es gibt jeweils drei Möglichkeiten. Unterstreichen Sie diese.

1. Vil De være så venlig ...
   a. hvor langt der er til købmanden.
   b. at sige mig, hvor toilettet er.
   c. at du sender mig et billede.
   d. at sende mig et billede.
   e. at ringe til min far.

2. Må jeg be' om ...
   a. Deres adresse.
   b. en plan over huset.
   c. den nærmeste købmand.
   d. et billedet af din familie.
   e. jeg skriver til min ven.

3. Jeg kan ikke komme, ...
   a. fordi jeg har fødelsedag.
   b. fordi jeg tager på ferie den dag.
   c. fordi jeg er født i Hamborg.
   d. fordi jeg sender en plan over byen.
   e. fordi jeg flyver til Kreta.

4. Det er muligt (möglich), ...
   a. at jeg kommer i weekenden.
   b. at du kan låne huset i maj måned.
   c. hvad det koster.
   d. jeg bor på femte.
   e. at jeg kommer med færgen kl. 19.

5

Welche Haupt- und Nebensätze gehören inhaltlich zusammen? Ordnen Sie zu:

1. Kan du sige mig,	a. at huset er ledigt.	1	
2. Det er muligt,	b. hvor langt der er til stranden?	2	
3. Jeg håber,	c. fordi der er varmt.	3	
4. Vi flyver til Mallorca,	d. om vi kommer med på indkøb.	4	
5. Hun spørger,	e. at jeg ikke kan komme.	5	

6

Beantworten Sie die Fragen mit möglichen Antworten aus dem Kasten oder mit eigenen:

1. Hvorfor er du ikke hjemme i aften?
2. Hvorfor flyver du ikke til Mallorca?
3. Hvorfor har du en sovesofa i stuen?
4. Hvorfor cykler du ikke på arbejde?
5. Hvorfor går du ikke til bageren?
6. Hvorfor snakker du ikke med min mand?
7. Hvorfor tager du ikke til København?
8. Hvorfor skriver du aldrig breve?

Fordi jeg ikke har ferie.
Fordi jeg ikke kan li' at flyve.
Fordi jeg tit har gæster.
Fordi det er for langt.
Fordi han er dum.
Fordi det er bedre at ringe.
Fordi jeg skal til dansk.
Fordi jeg bedre kan li' supermarkedet.
Fordi rundstykkerne er bedre hos købmanden.
Fordi han ikke kan li' mig.

7

Setzen Sie die folgenden Wörter ein:

for – med – om (2x) *– på – til* (2x) *– ved*

1. Tak _____ i aften!
2. Må jeg be' _____ et billede.
3. Hvornår ringer du _____ turistfore-
   ningen?
4. Hvor langt er der _____ Havnegade?

5. Jeg kommer _____ toget.
6. Jeg henter dig _____ rutebilen.
7. Vi kommer _____ fredag.
8. Bageren har lukket _____ mandagen.

8

Sie möchten in Dänemark ein Ferienhaus mieten. Sie sind sechs Personen und haben im Juli Urlaub.
Welches Angebot käme für Sie in Frage?

Skagen
Campingvogn til leje i juni og august.
Tel. 98 44 56 01

Sommerlejlighed
udlejes i nærheden af Ålborg, ca.
10 km fra Østkysten.
Nærmere oplysninger
Tel. 98 20 66 28 fra kl. 19–20

Til udlejdning
85 m² hyggeligt helårs sommerhus
(Skovmose/Als) udlejes til max.
6 pers. fra 1.8.
Tel. 74 42 36 98

Sommerhus udlejes
fra den 8. august og fremefter i nær-
heden af Ebeltoft, beliggende ved
vandet. Nærmere oplysninger kan
fås over tel. 74 67 13 54, Bov ved
Padborg.

Dejligt bondehus
200 meter fra stranden ved Kalund-
borg til leje i tiden 2.-21. juli.
Kr. 1800 - pr. uge. Henvendelse til
lærer Annette Andersen,
Græsmark 12, 4400 Kalundborg,
tel. 53 50 43 96.

Sommerhus
ved Kattegat, Bønnerup strand,
100 m fra vandet, alle moderne
bekvemmeligheder, 4 personer,
udlejes. Henvendelse
C. Weiss, Lerbækvej 19, 8240 Ris-
skov, tlf. 86 17 76 39

9 🎧 **30**

Olav ruft seine Freundin Kirsten an, um mit ihr über ihren gemeinsamen Urlaub zu spre-chen. Hören Sie sich das Gespräch an und entscheiden Sie, ob die Aussagen richtig oder falsch sind:

	rigtigt	forkert
1. Olav har lejet en ferie-lejlighed.	❏	❏
2. Den ligger i nærheden af en fin badestrand.	❏	❏
3. Der er 1200 m til bade-stranden.	❏	❏
4. Der er en have.	❏	❏
5. De kan ikke se vandet fra lejligheden.	❏	❏
6. Olav vil ikke have båden med.	❏	❏
7. Olav glæder sig til at se fjernsyn.	❏	❏
8. Kirsten kommer ikke med.	❏	❏

10
Aussprache: Scharfes *s*

Sie hören bekannte Wörter von der Cassette/CD. Sprechen Sie nach.

Das *s* wird im Dänischen stets scharf und nie stimmhaft gesprochen.

11
Aussprache: Satzbetonung

Hören Sie Folgendes von der Cassette/CD und sprechen Sie nach:

Hvor langt er der til supermarkedet?
Hvor langt er der fra København til Køge?
Kan du sige mig, hvor langt der er til stranden?
Er der en restaurant i nærheden af huset?
Hvorfor kan du godt li' at holde ferie i Danmark?
Det ved jeg ikke rigtig.

Lektion 11

Anmerkungen

zu 6

Der Ort Skagen an der Nordspitze Jütlands war um die Jahrhundertwende eine bekannte Künstlerkolonie. Maler wie Anna und Michael Ancher, P.S. Krøyer und viele andere machten den Ort bekannt, so dass er zu einem beliebten Badeort wurde. Die Maler selbst sind heute berühmt.

Ein *ta'-selv-bord* findet man oft mittags zur *frokost*-Zeit. Es bezeichnet ein Buffet und es gibt dort Speisen wie in Lektion 9 beschrieben.

Es ist eigentlich verboten, Holz und anderes Strandgut zu sammeln, nur der Strandvogt ist dazu berechtigt.

Zur Grammatik

Verben: Imperfekt

Das Imperfekt wird gebildet, indem man **-ede** oder **-te** an den Stamm des Verbs hängt:

arbejd	*arbejdede*
spis	*spiste*

Die Gruppe der Verben mit **-ede** im Imperfekt ist weitaus die größte.
Neben den beiden Gruppen mit regelmäßigen Verben gibt es eine kleine Gruppe von unregelmäßigen. Diese müssen nach und nach gelernt werden, s. auch die Liste der unregelmäßigen Verben im Anhang.

Das Lektionswörterverzeichnis sowie Wörterbücher geben Auskunft darüber, zu welcher Gruppe ein Verb gehört.

Immer dann, wenn man von einer Handlung oder einem Zustand zu einem **bestimmten Zeitpunkt** bzw. **in einem bestimmten Zeitraum in der Vergangenheit** spricht, benutzt man im Dänischen das **Imperfekt**. In der deutschen Alltagssprache ist das anders:

*I går **besøgte** jeg mine forældre.*
    Gestern habe ich meine Eltern besucht.
*I sidste uge **købte** jeg en radio.*
    Letzte Woche habe ich ein R. gekauft.
*I går aftes **så** jeg fjernsyn.*
    Gestern abend habe ich ferngesehen.

Zeitbestimmungen

Zeitbestimmungen der Vergangenheit sind z. T. leicht zu erkennen:

i mandags	letzten Montag
i tirsdags	letzten Dienstag
i morges	heute morgen (es ist bereits später)
i (går) aftes	gestern abend

I in Verbindung mit der *s*-Endung signalisiert immer, dass es sich um einen Zeitpunkt der Vergangenheit handelt.
Sehen Sie die Liste mit Zeitbestimmungen in der Grammatikübersicht, S. 201.

Beachten Sie folgende Zeitbestimmungen der Vergangenheit:

for 3 dage siden	vor 3 Tagen
for 5 minutter siden	vor 5 Minuten

| *for* 1 *år* **siden** | vor 1 Jahr |
| *for* 2 *uger* **siden** | vor 2 Wochen |

Kurzantworten

Bei Fragen, die mit einem Vollverb im Imperfekt beginnen, wird das Imperfekt von *gøre* in der Kurzantwort verwendet:

Spillede du tennis i går?
– *Ja, det* **gjorde** *jeg.*
Spiste I hjemme i går aftes?
– *Nej, det* **gjorde** *vi ikke. Vi spiste hos Ole.*
Cyklede du en tur i weekenden?
– *Ja, det* **gjorde** *jeg.*

Übungen

1

Bilden Sie Sätze nach folgendem Muster:

Birte – vaske op – arbejde i haven
Hvad lavede Birthe i går? Vaskede hun op? Nej, hun arbejdede i haven.

1. Hans – læse avis – arbejde i haven
2. Birthe – læse en bog – sy
3. Thomas – lave lektier – se fjernsyn
4. Erik – cykle i skole – lave lektier
5. Ole – se fjernsyn – læse avis
6. Ingrid – sove – drikke kaffe
7. Hanne – køre på arbejde – være hjemme
8. Helge – drikke kaffe – drikke te
9. Christian – skrive et brev – lave mad

2

Tragen Sie die fehlenden Verben ein:
(*vækkeur* – Wecker)

Eriks dag i går

Vækkeuret _____ kl. 6.15. Så _____ han op og _____ brusebad. Han _____ morgenmad sammen med forældrene og Thomas. Derefter _____ han i skole. Efter sidste time kl. 12.50 _____ han hjem og _____ frokost klokken to. Bagefter _____ han lektier og _____ fodbold. Han _____ eftermiddagskaffe. Så _____ han sammen med Thomas. Efter middagsmaden _____ han fjernsyn og _____ med forældrene. Kl. 21.30 _____ han i seng.

3

Bilden Sie Sätze wie in den ersten zwei Beispielen:

1. *I morges spiste jeg ikke morgenmad.*
2. *I går cyklede jeg en tur.*
3. I lørdags
4. I weekenden
5. I går aftes
6. I mandags
7. Sidste år
8. I eftermiddags
9. I min sidste ferie
10. Kl. 9 i formiddags

4

Setzen Sie die richtige Zeitbestimmung ein:

Vi sover altid længe. (søndag)
Vi sover altid længe om søndagen.

Vi sov længe. (søndag)
Vi sov længe i søndags.
(oder: *sidste søndag*)

1. Vi *var* i Danmark. (sommer)
2. Vi *lejer* altid et sommerhus. (sommer)
3. Det *er* koldt nu. (nat)
4. Han *arbejder* ikke. (dag)
5. Jeg *var* på indkøb. (lørdag)
6. De *cyklede* en tur. (søndag)
7. Hun *går* til dansk. (tirsdag)

8. Arne *ringede* til Lene. (aften)
9. Vi *var* i biografen. (går)
10. Vi *havde* ferie på en bondegård. (år)
11. Vi *arbejdede* i haven. (lørdag)
12. Jeg *er* altid hjemme. (morgen)
13. Vi *drikker* altid kaffe. (eftermiddag)
14. De *kiggede* på møbler. (fredag)
15. Karen *var* hjemme. (mandag)

5

Hans hat sehr viele Termine in seinem Kalender. Berichten Sie, was er während der Woche tat. Beginnen Sie mit: *I mandags talte han med bagermester Hansen kl. 9. Så ringede ...*

FEBRUAR '98	
10 MANDAG	*bagermester Hansen – revisor Jensen kl. 21.05 „French Connection" i fjernsynet*
11 TIRSDAG	*ringe til O. M. Olesen og G. Andersen 19.30 fodbold-træning*
12 ONSDAG	*Stubbekøbing*
13 TORSDAG	*indkøb – Nyköbing kl. 20 : til tysk*
14 FREDAG	*bagermester Hansen*
15 LØRDAG	*ringe til Ole – fødselsdag – 41 middag på Bøllerup Kro*
16 SØNDAG	*frokost hos mor og far kl. 19.30 : Lone og Arne*

6

Lesen Sie erneut den Brief von Hanne. Ordnen Sie die Sätze, die inhaltlich zusammengehören, einander zu und tragen Sie sie ins Schema ein:

1. Vi kom hjem	a. mellem Hirtshals og Skagen.	1
2. Vi var	b. på stranden.	2
3. Det ligger ved Vesterhavet	c. og hyggede os.	3
4. Vi gik lange ture	d. fra en dejlig ferie i går.	4
5. Vi spillede kort	e. på en restaurant.	5
6. Vi kiggede på	f. til Hirtshals.	6
7. Vi kørte en tur	g. på Lolland igen.	7
8. Vi spiste frokost	h. mormor og morfar.	8
9. Vi besøgte	i. i vores sommerhus.	9
10. Nu er vi hjemme	j. de gamle huse i Skagen.	10

7

Setzen Sie die folgenden Wörter ein:

fra – i (2x) *– med – om* (2x) *– på* (2x) *– til* (2x)

1. Jeg kom hjem _____ arbejde klokken seks.
2. Vi var i teatret _____ går.
3. De hygger sig _____ aftenen.
4. Jens slappede af _____ en god bog.
5. Han arbejder fra kl. 7 _____ kl. 16.
6. Hun er _____ arbejde.
7. De spiller fodbold _____ søndagen.
8. Vi kørte en tur _____ Odense.
9. Det ligger _____ klitterne.
10. Jeg kiggede _____ min datter.

8

Ordnen Sie zu:

1. Kan du li' at vaske op?	a. Det skal jeg nok.	1
2. Kom godt hjem!	b. Jeg har det ikke særlig godt.	2
3. Hils Jens!	c. Nej, det kan jeg desværre ikke.	3
4. Kan du komme på tirsdag?	d. Nej, det kan jeg bestemt ikke.	4
5. Hvordan har du det?	e. Det er en skam.	5
6. Tak for i går!	f. Tak i lige måde.	6
7. Må jeg be' om lidt mere kaffe?	g. Selv tak!	7
8. Jeg kan ikke komme på lørdag.	h. Ja, værsgo!	8

9 🔊 33

Anne hat einen bekannten Fußballstar um ein Interview für die Schülerzeitung gebeten. Hören Sie sich das Gespräch an und beantworten Sie dann die Fragen:

1. Hvornår var Ole ikke hjemme?
   - ❏ a. I mandags.
   - ❏ b. I tirsdags.
   - ❏ c. I torsdags.

2. Hvorfor var han ikke hjemme?
   - ❏ a. Han arbejdede i haven.
   - ❏ b. Han var i biografen.
   - ❏ c. Han spillede fodbold.

3. Kan han lide at spille fodbold?
   - ❏ a. Ja, det kan han.
   - ❏ b. Nej, det kan han ikke.
   - ❏ c. Det kommer an på, hvem han spiller sammen med.

4. Kan han lide at gå lange ture?
   - ❏ a. Ja, det kan han.
   - ❏ b. Nej, det kan han ikke.
   - ❏ c. Det kommer an på, hvem han er sammen med.

5. Kan han lide at danse?
   - ❏ a. Ja, det kan han.
   - ❏ b. Nej, det kan han ikke.
   - ❏ c. Det kommer an på, hvem han danser med.

6. Hvorfor har Anne ikke tid til en whisky?
   - ❏ a. Hun vil se fjernsyn.
   - ❏ b. Hun vil skrive om interviewet.
   - ❏ c. Hun vil rydde op i kælderen.

10 🔊 34

Aussprache: Langer oder kurzer Vokal

Sie hören von der Cassette/CD eine Reihe von teils unbekannten Wörtern. Kreuzen Sie an, ob der Vokal in der betonten Silbe lang oder kurz ist.

	lang	kurz
a.	❏	❏
b.	❏	❏
c.	❏	❏
d.	❏	❏
e.	❏	❏
f.	❏	❏
g.	❏	❏
h.	❏	❏
i.	❏	❏
j.	❏	❏
k.	❏	❏
l.	❏	❏
m.	❏	❏
n.	❏	❏
o.	❏	❏
p.	❏	❏

11 🔊 35

Aussprache: Satzbetonung

Hören Sie Folgendes von der Cassette/CD und sprechen Sie nach:
Hvad lavede du?
Hvad lavede du i weekenden?
Cyklede du en tur?
Ja, det gjorde jeg.
Hvornår ringede du?
Det var ved otte-tiden.

Lektion **12**

Anmerkungen

zu 3

Bei der Bezeichnung von Geschäften und Läden ist der Sprachgebrauch ähnlich wie im Deutschen. Es heißt
hos in Verbindung mit Personen:

> *hos bageren,*
> *hos slagteren,*
> *hos grønthandleren,*
> *hos købmanden* usw.

i in Verbindung mit Geschäftsbezeichnungen:

> *i supermarkedet,*
> *i SuperBrugsen,*
> *i osteforretningen,*
> *i møbelforretningen* usw.

SuperBrugsen und *Dagli'Brugsen* sind Supermärkte, die von *Forenede Danske Brugsforeninger (FDB)* betrieben werden. Hervorgegangen sind sie aus Verbrauchervereinen, die sich zum Zweck des billigeren Einkaufs in der zweiten Hälfte des neunzehnten Jahrhunderts gebildet hatten, ähnlich wie in Deutschland die Konsumgenossenschaften. Heute ist viel von der ursprünglichen Idee verlorengegangen, wenn auch – besonders in ländlichen Gebieten – zahlreiche Läden in weitgehender Selbstverwaltung der Mitglieder betrieben werden. Mitglieder genießen gewisse Vergünstigungen und können die ausgezeichnete Mitgliedszeitschrift *Samvirke* beziehen.

zu 4

Bier und andere Getränke sind in Dänemark nicht in Dosen erhältlich, sondern lediglich in Pfandflaschen. Es bleibt abzuwarten, wie lange diese aus Umweltschutzgründen getroffene Sonderregelung innerhalb der EU noch beibehalten werden kann.

Preise für bestimmte Mengen werden wie folgt angegeben:

> *Kaffen koster 56 kr. pr. kg.*   per Kilo
> *Kaffen koster 56 kr. kiloet*   das Kilo

zu 7

In vielen Läden mit Bedienung (z. B. beim Bäcker) ist es üblich, an einem Automaten eine Nummer zu ziehen, damit die Reihenfolge eingehalten wird. Ist der nächste Kunde an der Reihe, wird entweder die Nummer aufgerufen oder sie erscheint auf einer Anzeige.

In Dänemark kann man oft Zeitungen beim Bäcker kaufen. Da die Bäcker sonntags geöffnet haben, ist es sehr beliebt, zusammen mit den Brötchen die Sonntagszeitungen zu kaufen, die es an diesem Tag dort immer gibt.
Neben Boulevardzeitungen gibt es drei große Tageszeitungen, die auch sonntags erscheinen, nämlich *Politiken*, *Jyllands-Posten* und *Berlingske Tidende* (auch *Berlingeren* genannt). *Berlingske Tidende* ist die älteste noch existierende Tageszeitung der Welt, die landesweit vertrieben wurde.

Zur Grammatik

Das Modalverb *skal* für Zukünftiges/ Geplantes (s. auch Lektion 22)

Um etwas Geplantes/Zukünftiges auszudrücken, verwendet man *skal*, z. B.

> *Jeg skal rejse i overmorgen.*
> *Skal vi spille tennis i morgen?*
> *Hvad skal vi købe?*

Denken Sie daran, dass *skal* zusammen mit dem Infinitiv (*e*-Endung) gebraucht wird. Wenn man allerdings sagt, wo man hin will, kann der Infinitiv fortgelassen werden:

> *Jeg skal til frisør.*
> *Hvor skal du hen?*
> *– Jeg skal til Bornholm.*
> *Vi skal hjem nu.*

Brüche

1/2	*en halv*
1/4	*en fjerdedel*
3/4	*tre fjerdedele*
1/3	*en tredjedel*
2/3	*to tredjedele* usw.

Mengenangaben wie *en halv* (halb) und *en kvart* (viertel) richten sich nach dem Substantiv, das beschrieben wird:

***en** flaske*	*en halv flaske* *(vin)*	*en kvart flaske* *(vin)*
***en** liter*	*en halv liter* *(mælk)*	*en kvart liter* *(fløde)*
***et** kilo*	*et halvt kilo* *(ost)*	*et kvart kilo* *(smør)*
***et** glas*	*et halvt glas* *(mælk)*	*et kvart glas* *(mælk)*
2 halve liter *(mælk)*	*2 kvarte liter* *(cacaomælk)*	

Übungen

1

Stellen Sie Fragen nach folgendem Muster:

Hvornår kom du hjem?
(Jeg kom hjem kl. tre om natten.)

Hvad lavede du sidste lørdag?
(Sidste lørdag var jeg i biografen.)

Die folgenden Fragen beziehen sich auf einen bestimmten Tagesablauf.

1. _____
   _____
   (Jeg stod op klokken ti.)

2. _____
   _____
   (Jeg spiste morgenmad.)

3. _____
   _____
   (Jeg drak fem kopper kaffe.)

4. _____
   _____
   (Jeg gik på indkøb klokken elleve.)

5. _____
   _____
   (Fordi jeg ventede gæster lørdag aften.)

6. _____
   _____
   (Jeg ryddede op, sov lidt og drak et glas mælk.)

7. _____
   _____
   (Gæsterne kom klokken otte.)

2

Hvad lavede hr. Lund i går?
Schreiben Sie nach dem Muster.

1. *Han stod op.*
2. _____
3. _____
4. _____
5. _____
6. _____
7. _____
8. _____
9. _____
10. _____

3

Schreiben Sie eine Einkaufsliste mit Hilfe
der Zeichnungen:

4

Sehen Sie sich die Anzeigen an und finden Sie heraus, was die Lebensmittel kosten:

1. Waschpulver _____
2. Zwieback _____
3. Honig _____
4. Kekse _____
5. Toilettenpapier _____
6. Rote Bete _____
7. Brötchen _____
8. Rotkohl _____
9. Erbsen und Möhren ___

RØDBEDER Stort glas **16.95**	**TOILETPAPIR** Dobb. crepe, 6 rl. **15.95**
RØDKÅL Stort glas **14.95**	**VASKEPULVER** Prik. 6 kg **69.95**
HONNING Udenlandsk **8.95**	**PERSIL** 5 kg **69.95**
ROSENKÅL dybfrost 1000 gram **15.95**	**AKVAVIT** 1/2 flaske **76.70**
ÆRTER og GULERØDDER 1000 gram **11.95**	1 hel flaske **133.95**
GRØNTSAGSMIX 1000 gram **15.95**	**GAMMEL DANSK** 1/2 flaske **73.70**
GARNITUREGRØNT 1000 gram **16.95**	1 hel flaske **123.95**
MELBOLLER Fåborg. 1000 gram **15.95**	**ØL** Alle mærker, 30 stk. excl. emb. **125,--**
KØDBOLLER Fåborg. 1000 gram **38.95**	**FREM VAND** 24 stk. excl. emb. **29.95**
RUNDSTYKKER Hatting. 15 stk. **12.95**	**ROSINER** Sun Maid, 1 pakke **8.95**
TVEBAKKER Tarta, stor pose **7.95**	**SVESKER** Uden sten, 1/4 kg **5.95**
	KIKS Runde el. firkantede i økonomipakke **10.95**

5

Setzen Sie die entsprechenden Fragewörter ein:

hvad – hvor – hvordan – hvem – hvor langt – hvornår

1. _____ er du født?
2. _____ kommer du hjem?
3. _____ hedder det på dansk?
4. _____ er der til stranden?
5. _____ går det?
6. _____ kommer med i biografen?

6

Beantworten Sie die Fragen, indem Sie Ausdrücke aus dem Kasten verwenden:

1. Hvad skal du lave i morgen?
   a. Jeg skal ...
   b. Jeg skal ...
   c. Jeg skal ...
   d. Jeg skal ...

2. Hvor skal du hen?
   a. Jeg skal ...
   b. Jeg skal ...
   c. Jeg skal ...
   d. Jeg skal ...

> *til frisør – købe ind – spille fodbold – i byen – besøge min bror – til dansk – på arbejde – arbejde i haven – rydde op i kælderen – i biografen – gå tur – til stranden – til Odense – ud at danse*

7

Dies sind Zutaten für ein Kochrezept. Übersetzen Sie – falls nötig, benutzen Sie ein Wörterbuch:

500 g svinelever
300 g spæk
2 løg
50 g mel
2 æg
3 tsk. salt
1 tsk. peber
10 g sukker
5 dl mælk

Können Sie sich vorstellen, was aus den Zutaten werden kann? Wenn nicht, gucken Sie in den Schlüssel, dort finden Sie auch das vollständige Rezept.
So viel wird verraten: Es handelt sich um ein typisch dänisches Gericht.

8

Was gehört zusammen? Tragen Sie die passenden Buchstaben in das Schema ein:

1. Ha' det godt!
2. Kom godt hjem!
3. Hils Hanne!
4. Hvem er den dame?
5. Hvornår har du fødselsdag?
6. Vil du godt tale lidt langsommere?
7. Det er ikke min bog.
8. Værsgo!
9. Må jeg låne din kuglepen?
10. Tak for i aften!

a. Det er Else Marie.
b. Tak i lige måde!
c. Tak!
d. Selv tak!
e. Tak i lige måde!
f. Det er heller ikke min.
g. Ja, selvfølgelig.
h. Ja, gerne.
i. Det skal jeg nok!
j. I maj måned.

1	
2	
3	
4	
5	
6	
7	
8	
9	
10	

9

Ein berufstätiges Ehepaar unterhält sich über die nächsten Mahlzeiten, da es nach Feierabend einkaufen gehen will. Notieren Sie, was gekauft werden muss.

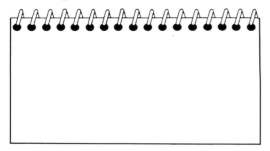

10 🎧 37

Aussprache: Langer/kurzer Vokal

Auch einsilbige Wörter werden eher kurz oder eher lang ausgesprochen.
Hören Sie die folgenden Wörter von der Cassette/CD und kreuzen Sie wiederum an, ob die Vokale lang oder kurz sind.

	lang	kurz
søn	❏	❏
øl	❏	❏
sød	❏	❏
rød	❏	❏
grøn	❏	❏
ord	❏	❏
bog	❏	❏
kop	❏	❏
op	❏	❏
god	❏	❏
rum	❏	❏
tur	❏	❏
kat	❏	❏
nat	❏	❏

Hören Sie nun Folgendes und achten Sie darauf, ob sich die Länge des Vokals verändert, wenn man dem Wort eine Endung hinzufügt, z. B. eine Mehrzahlendung.

		gleich lang oder gleich kurz	nicht gleich
søn	sønner	❏	❏
øl	øllet	❏	❏
sød	søde	❏	❏
rød	røde	❏	❏
grøn	grønne	❏	❏
ord	ordet	❏	❏
bog	bogen	❏	❏
kop	kopper	❏	❏
op	oppe	❏	❏
god	gode	❏	❏
rum	rummet	❏	❏
tur	turen	❏	❏
kat	katte	❏	❏
nat	natten	❏	❏

Als Regel können Sie sich merken, dass ein langer Vokal lang bleibt und ein kurzer kurz - auch wenn dem Wort eine Endung beigefügt wird. Bei den kurzen Vokalen sorgt allerdings eine Konsonanten-Verdoppelung dafür, dass die Vokale kurz bleiben. (Versuchen Sie einmal folgendes Gedankenspiel: *øl + -et =ølet* oder *grøn + -e = grøne*; ohne eine Konsonanten-Verdoppelung wäre der kurze Vokal nicht beibehalten worden.)

11 🎧 38

Aussprache: Satzbetonung

Hören Sie Folgendes von der Cassette/CD und sprechen Sie nach:

Jeg skal ha' 6 stykker wienerbrød.
Jeg vil gerne ha' et halvt kilo medisterpølse.
Hvad koster det pr. kilo?
Hvad koster tomaterne?
Hvad koster de stykket?
Det var det hele.

Anmerkungen

zu 4

Die Speisekarte führt typische Gerichte auf, wie man sie in einfachen Gasthöfen (*kro*) und Gaststätten findet.

Biksemad ist traditionell ein Resteessen, das deshalb stark variiert, aber das Gericht enthält immer Zwiebeln sowie gewürfelte Kartoffeln und gewürfeltes Fleisch. Typisch ist auch, dass es mit Spiegeleiern und eingelegter Rote Bete serviert wird.

Hof ist die umgangssprachliche Bezeichnung für ein Pilsener Bier der Carlsberg Brauerei (LEVERANDØR TIL DET KONGELIG DANSKE HOF).

Es ist in Dänemark nicht üblich, hohe Trinkgelder zu geben, man verzichtet aber oft auf das Wechselgeld und sagt dann *Det stemmer!* oder *Det passer!*

Velbekomme! wird gebraucht, wenn man jemandem „Guten Appetit!" wünscht.

Im privaten Kreis ist es üblich, sich bei demjenigen zu bedanken, der das Essen zubereitet hat oder (z. B. im Restaurant) Gastgeber war. Es gilt als unhöflich, dies zu unterlassen.

Tak for mad! (wörtlich: Danke für das Essen) Antwort: *Velbekomme!*

Zur Grammatik

Verben: Das Perfekt

> *Har du husket blomsterne?*
> *Har du læst bogen?*
> *Har du været i Island?*

In diesen Beispielsätzen haben wir das Perfekt. **Das Perfekt wird im Allgemeinen aus *har* + Partizip Perfekt gebildet.**
Das Partizip Perfekt endet immer mit einem ***-t***.
Bei den regelmäßigen Verben wird ein ***-et*** oder ein ***-t*** an den Stamm des Verbes gehängt:

husk	*husket*	(Imperfekt: *huskede*)
vask	*vasket*	(Imperfekt: *vaskede*)
læs	*læst*	(Imperfekt: *læste*)
køb	*købt*	(Imperfekt: *købte*)

Bei den **unregelmäßigen Verben** prägt man sich die Form am besten ein. In Tabellen mit unregelmäßigen Verben ist diese Form immer mit aufgeführt. (s. Anhang)

Wie im Deutschen wird das Perfekt bei **Bewegungsverben** aus *er* + Partizip Perfekt gebildet:

> *Hun er løbet hjem.*
> *Arne er gået til supermarkedet.*
> *De er taget på ferie.*

Man verwendet das Perfekt

1. wenn man **allgemein** von einer Handlung bzw. einem Zustand **in der Vergangenheit** spricht und wenn es **nicht wichtig**

ist, wann diese Handlung bzw. dieser Zustand war:

> *Lise har aldrig været i København.*
> *Har du læst „Pelle Erobreren"?*
> *Har du set „Frøken Smillas fornemmelse for sne"?*

2. wenn eine Handlung bzw. ein Zustand in der Vergangenheit begann, aber noch **nicht abgeschlossen** ist oder **noch andauert**:

> *Anne har haft sin bil i mange år.*
>   (sie hat es immer noch)
> *Jeg har boet her siden 1987.*
>   (ich wohne immer noch hier)
> *Hun har arbejdet i haven siden i søndags.*
>   (die Arbeit ist noch nicht beendet)

In Verbindung mit *siden* + Zeitangabe (seit ...) wird immer das Perfekt verwendet.

Dies ist nicht zu verwechseln mit Zeitbestimmungen wie *for 3 dage siden* (vor 3 Tagen), *for en uge siden* (vor einer Woche), *for 5 minutter siden* (vor 5 Minuten). Diese beziehen sich eindeutig auf einen bestimmten Zeitpunkt in der Vergangenheit und erfordert deshalb die Vergangenheitsform (Imperfekt).

Verben: Imperfekt oder Perfekt?

Imperfekt: Immer dann, wenn:
– es sich auf einen bestimmten Zeitpunkt oder Zeitraum in der Vergangenheit handelt
– die Handlung abgeschlossen ist,
– eine Zeitbestimmung der Vergangenheit verwendet wird.

> *I går var jeg i biografen.*
> *Jeg cyklede på arbejde i morges.*
> *I søndags havde vi besøg af nogle venner.*
> *Vi holdt ferie i Canada for fem år siden.*

Übungen

1
Übersetzen Sie und tragen Sie ein:

1. Glas 3. Brot   5. Rotwein 7. Hähnchen
2. Tasse 4. Kaffee 6. Flasche 8. Weißwein

Das stark umrandete Feld ergibt, von oben nach unten gelesen, ein Getränk.

2
Vervollständigen Sie den Text:

Hans: _____ vil du ha', Birthe?

Birthe: Jeg vil gerne ha' _____ kaffe.

Hans: Nå, det vil jeg ikke. Jeg vil _____ ha' en øl.

S.: Ja?

Hans: Jeg skal ha' _____ .

Birthe: Og jeg vil _____ ha' en kop kaffe.

S.: Vil I ha' noget til?

Birthe: Ja, jeg vil gerne _____ et stykke kage.

Hans: Jeg skal _____ ha' noget.

S.: Værsgo - en kop kaffe, et stykke kage og en øl.

Hans: Tak, _____ bli'r det?

S.: Det _____ 58,50.

Hans: _____ . Det stemmer.

3

Was sagen die Personen im Restaurant?

4

Eine Mutter sagt ihrem Kind, was es tun soll. Das Kind jedoch entgegnet, dass es dies bereits erledigt hat. Schreiben Sie nach folgendem Muster:

Mor: Du skal vaske op!
Barnet: *Jamen, jeg har vasket op!*
Mor: Du skal hjælpe far nu!
Barnet: *Jamen, jeg har hjulpet far!*

1. Du skal rydde op på dit værelse!
2. Du skal lave lektier nu!
3. Du skal vaske dig!
4. Du skal gå i seng nu!
5. Du skal købe et nyt hæfte.
6. Vi skal spise frokost.
7. Du skal besøge mormor i eftermiddag.
8. Du skal drikke din mælk!

5

Setzen Sie die richtige Form des Verbs ein. Imperfekt oder Perfekt?

Jeg *har* tit *været* i Norge. (være)
Jeg *var* i biografen i lørdags. (være)

1. Jeg _____ aldrig _____ i USA. (være)
2. Inge _____ en bil i går. (købe)
3. Han _____ i Østrig sidste sommer. (være)
4. De _____ en kasse øl i weekenden. (drikke)
5. Jeg _____ at købe tændstikker. (glemme)

6. Jens _____ filmen for 2 år siden. (se)

7. De _____ i Odense siden 1965. (bo)

8. Ilse _____ i Schweiz i marts. (være)

9. Arne _____ også _____ bogen. (læse)

10. Vi _____ fjernsyn i går aftes. (se)

6

Ordnen Sie zu:

a. Har du husket at købe vin?
b. God fornøjelse!
c. Nu har du igen glemt det!
d. Hvad skulle det være?
e. Må jeg få en cigaret?
f. Hvad vil du drikke?
g. Hvordan har du det?

1. Det er jeg meget ked af.
2. Tak, jeg har det fint!
3. Ja, værsgo!
4. En øl, tak!
5. Åh, undskyld, det har jeg glemt!
6. Jeg vil gerne ha' en liter mælk.
7. Tak i lige måde!

a	
b	
c	
d	
e	
f	
g	

7

Folgendes stammt aus der dänischen Tageszeitung *Politiken*:

Rapport fra fluefronten:
„Tjener, der er en flue i min suppe!"
– „Bare rolig, hr. Det koster ikke ekstra!"
– „Til den pris kan De virkelig kun få en!"
– „Der er ikke noget at være bange for. Den er død!"
– „Mærkeligt, der var to lige før!"
– „Nå, - og hvad så!"
– „Ja?"
– „Et øjeblik, hr." KLASK!

Unbekannte Wörter:
rapport fra fluefronten – Bericht von der Fliegenfront; *bare rolig* – immer mit der Ruhe; *virkelig* – wirklich; *der er ikke noget at være bange for* – etwa: keine Angst; *død* – tot; *mærkelig* – merkwürdig; *lige før* – gerade eben; *nå, – og hvad så?* – etwa: na, - und?

Versuchen Sie, einen ähnlichen Dialog zu schreiben. Beginnen Sie mit der Beschwerde des Gastes *„Tjener, der er en flue i min suppe"* und notieren Sie die Antwort des Kellners.

8

Sehen Sie sich die Speisekarte an und bestellen Sie: 2 Stück *Smørrebrød* mit gekochtem Schinken und geräuchertem Aal - 1 Kotelett - 2 Bier.

Varme retter		Kr.
Engelsk Beuf med løg		146,00
Fransk Beuf med kryddersmør, bagt kartoffel, haricots verts		154,00
Oksemørbrad Beuf med champignon a la creme		*150,00
Wienerschnitzel med gemüse, pommes frites og kartofler		111,00
Kotelet med rødkål, sauce og kartofler		89,00
Dansk Bøf med løg sauce, og kartofler		65,00
Kylling (½) med pommes frites		69,00
Kylling (½) med salat og flûtes		75,50
Frankfurter med pommes frites		51,50
Dagens middag (fra kl. 11.00–til kl. 16.30)		65,00

Smørrebrød		Kr.
Rødspættefilet med remoulade		31,50
Rejer med mayonnaise		59,50
Ferskrøget laks		71,00
Pariserbøf		59,50
Beuf Tatar med æggeblomme		55,00
Marineret Sild		29,50
Krydder Sild		29,50
Røget Ål		67,00
Æg og Rejer		37,00
Rostbeef med remoulade		45,00
Oksebryst med peberrodssalat		37,00
Flæskesteg med rødkål		23,50
Leverpostej med bacon		23,50
Kogt Skinke med asparges		35,00

Kolde drikke	ØL	Kr.
	Guld Øl	20,50
	Becks Bier	20,50
	Pilsner	19,00
	Lager Øl	19,00
	Let Pilsner	15,00

9 🔊 **39**

Freunde treffen sich in einer Gastwirtschaft. Es werden verschiedene Getränke bestellt. Finden Sie heraus, wer was bestellt, und verbinden Sie:

Arne	danskvand
Inger	kaffe
Lisbeth	rødvin
Grethe	te
Erik	øl

10

Aussprache: Wortbetonung

Hören Sie von der Cassette/CD, wie sich die Betonung im Zusammenhang mit Mengenbezeichnungen verlagert.

tomater	et kilo	et kilo tomater
vin	et glas	et glas vin
mælk	en liter	en liter mælk

Markieren Sie in den folgenden Ausdrücken die betonten Silben und hören Sie die Ausdrücke danach von der Cassette/CD. Sprechen Sie nach.

et stykke ost
en kop kaffe
et stykke wienerbrød
en æske tændstikker
en pakke cigaretter
en flaske øl
et glas sild
en pakke margarine
en dåse fisk
et glas rødvin

11

Aussprache: Satzbetonung

Hören Sie Folgendes von der Cassette/CD und sprechen Sie nach:

Jeg vil gerne ha' en citronvand.
Jeg skal ha' et glas hvidvin.
Hvad slags is har I?
Det smagte vel nok godt!
Må jeg be' om en ny tallerken?
Har du noget ild?

Anmerkungen

zu 7

Mit *lys* (hell) und *mørk* (dunkel) lassen sich Adjektive verbinden, z. B.:

lyserød mørkerød   lysegrøn mørkegrøn

zu 12

Die dänischen Konfektionsgrößen sind die gleichen wie die deutschen.

id-kort ist die Abkürzung für *identitetskort*; gemeint ist eine Scheckkarte!

zu 13

Det er for dyrt! sagt man ganz allgemein, wenn etwas zu teuer ist.

Bezieht man sich auf einen bestimmten Gegenstand, richtet sich die Aussage nach dem Geschlecht des Wortes:

en sweater	**Den** *er for dyr.*
et slips	**Det** *er for dyrt.*
sko (Plural)	**De** *er for dyre.*

Zur Grammatik

Adjektive

Adjektive, die einem unbestimmten Substantiv vorangestellt sind, richten sich nach dem Geschlecht dieses Substantivs. Bei *en*-Wörtern nimmt man die Grundform des Adjektivs, bei *et*-Wörtern wird ein **-t** angehängt; dies gilt ebenso bei nachgestelltem Adjektiv:

	en	*et*
Singular	*en stol* *en gul stol* *stolen er gul*	*et hus* *et gult hus* *huset er gult*
Ausnahmen: *lille* *dansk*	*en lille stol* *en dansk stol*	*et lille hus* *et dansk hus*

Im Plural wird – egal ob *en*-Wort oder *et*-Wort – ein **-e** an die Grundform angehängt:

Plural	*3 gule stole* *stolene er gule*	*2 gule huse* *husene er gule*
kein *-e*: *blå, små*	*4 blå stole* *stolene er blå*	*2 små huse* *husene er små*
Besonderheiten: *ternet, stribet* *gammel*	*3 ternede skjorter* *4 gamle stole*	*5 stribede slips* *2 gamle huse*

Zu den Ausnahmen und Besonderheiten: Wörter mit *sk* am Ende der Grundform, z. B. *tysk*, *dansk*, *typisk* erhalten in der Regel kein *-t* in Verbindung mit *et*-Wörtern. Es wäre ja auch schwierig auszusprechen!

Adjektive mit einem *å* am Ende wie *grå*, *blå*, *små* erhalten kein *-e* im Plural. Man würde es ja auch kaum hören!

Fügt man ein *-e* an die Grundform von Wörtern wie *prikket*, *ternet*, *blomstret* verwandelt sich das *t* in ein *d* (*prikkede*, *ternede*, *blomstrede*). Dadurch haben wir automatisch die weiche dänische Aussprache!

Im Grunde kennen Sie die Regel mit den Endungen beim vorangestellten Adjektiv schon von den Possessivpronomen, z. B. *min bil*, *mit hus*, *mine børn*.

lille – små

Små ist der Plural von *lille*.

lille (Singular)	*små* (Plural)
en lille dreng	*2 små drenge*
en lille bil	*3 små biler*
et lille hus	*4 små huse*

for

Wieder ein kleines Wort mit großer Wirkung, denn es wird verstärkend gebraucht:

*Nederdelen er **for kort**.*	(zu kurz)
*Sweateren er **for dyr**.*	(zu teuer)
*Den er **alt for lille**.*	(viel zu klein)

Adverbien

Aus der Grundform der Adjektive werden ebenfalls durch Hinzufügen der Endung *-t* viele Adverbien gebildet:

| *Han er en god mand.* | (Adjektiv) |
| *Han synger god**t**.* | (Adverb) |

| *Det er en fin bil.* | (Adjektiv) |
| *Den kører fin**t**.* | (Adverb) |

Übungen

1
Sie haben sich für einen Einkaufsbummel in Kopenhagen Ihre Wünsche notiert. Sie erklären Ihren dänischen Freunden, was Sie kaufen möchten:

a. Mantel, Hose, Jackett, Schlips, 3 Hemden

b. 1 – 2 Kleider, 2 leichte Pullover, Rock, Schuhe, Stiefel

2
Malen Sie die richtige Farbe:

rød	
lyserød	
grøn	
blå	
sort	
hvid	
grå	
gul	
brun	
mørkeblå	

3
Ergänzen Sie nach folgendem Muster. Beachten Sie, dass sich bei Adjektiven wie *stribet*, *ternet* usw. auch die Grundform ändern kann:

Hvad vil du helst have?

En grøn__ eller *en* lyseblå__ skjorte?
Et grøn*t* eller *et* lyseblåt__ slips?
Grøn*ne* eller lyseblå__ bukser?

1. Et hvid_ eller ___ stribet_ slips?
2. En blomstret_ eller ___ rød_ bluse?
3. Stribet_ eller brun_ slips? (Plural)
4. En sort_ eller ___ lysegrå_ jakke?
5. En hvid_ eller ___ blomstret_ kjole?
6. Mørkeblå_ eller sort_ strømper?
7. Stribet_ eller rød_ nederdele?
8. Ternet_ eller hvid_ skjorter?

4
Setzen Sie die richtige Form der Adjektive ein:

1. Kan du li' _____ strømper? (gul)
2. Jeg tror, Hanne har en _____ kære-ste. (ny)
3. Jeg har et _____ hus. (gammel)
4. Lejligheden er ikke _____. (stor)
5. Har du et _____ slips? (stribet)
6. _____ piger er _____. (små, sød)
7. Jeg vil gerne have en _____ bil. (ny)
8. Jeg vil også godt se på _____ bluser. (blå)
9. Huset er _____ nok. (stor)
10. Kan du bedre li'_____ eller _____ sokker? (stribet, ensfarvet)

5
Setzen Sie die folgenden Dialogteile ein:

Størrelse 42. – Ja, de er pæne. Hvor kan jeg prøve dem? – Hvad? 798 kr.? Nej, det er for dyrt! Har I ikke nogen, der er billigere? – Jeg har tænkt på sort. – Jeg vil gerne se på et par busker. – De her passer fint. Hvor meget koster de? – Nå, så går jeg igen. Far-vel! – Hvor har I busker henne? – Tak skal du ha'!

A: Hvad kan jeg hjælpe dig med?
B: _____

A: Det er på 1. sal.
B: _____

C: Hvad skulle det være?
B: _____

C: Hvad størrelse bruger du?
B: _____

C: Her har vi bukser i størrelse 42. Er der en bestemt farve, du vil ha'?
B: _____

C: Her har vi nogle fine, sorte bukser - af ren uld.
B: _____

C: Du kan prøve dem herinde, værsgo.
B: _____

C: De koster 798 kr.
B: _____

C: Nej, det har vi desværre ikke i øjeblik-ket.

B: _____

6

Was würden Sie in diesen Situationen sagen? Mehrere Möglichkeiten können richtig sein:

1. Sie wollen sich in einem Geschäft einen Pullover kaufen.
   - ❑ a. Jeg vil gerne se på en sweater.
   - ❑ b. Jeg vil gerne prøve en sweater.
   - ❑ c. Må jeg få en sweater?

2. Sie möchten den Pullover anprobieren.
   - ❑ a. Jeg vil gerne ha' den på.
   - ❑ b. Jeg vil gerne prøve den.
   - ❑ c. Kan jeg prøve den?

3. Er passt nicht.
   - ❑ a. Den er for stor.
   - ❑ b. Det er ikke den rigtige størrelse.
   - ❑ c. Den passer ikke rigtig.

4. Er gefällt Ihnen nicht.
   - ❑ a. Jeg tror ikke, det er den rigtige slags.
   - ❑ b. Jeg kan ikke rigtig li' farven.
   - ❑ c. Jeg synes, den er pæn.

5. Der Pullover ist zu teuer.
   - ❑ a. Den er alt for billig.
   - ❑ b. Den er for dyr.
   - ❑ c. Har I ikke nogen, der er billigere?

6. Sie nehmen einen roten Pullover.
   - ❑ a. Jeg tror, jeg ta'r den her.
   - ❑ b. Jeg kan ikke li' nogen af dem.
   - ❑ c. Jeg ta'r den her.

7

Setzen Sie die passenden Ausdrücke ein:

aldrig – altid – for fjorten dage siden – om torsdagen – siden 1997 – snart – tit

1. De var i teatret _____.
2. De har lært dansk _____.
3. Vi sover _____ længe i weekenden.
4. Jeg har _____ været i Sydafrika.
5. De går til dansk _____.
6. Jeg håber, at hun _____ kommer.
7. Han går _____ i biografen.

8

Eine Mutter ist mit ihrer Tochter beim Einkauf in einem Warenhaus. Plötzlich ist die Tochter weg. Die Mutter spricht mit einer Verkäuferin, woraufhin das kleine Mädchen ausgerufen wird.

Hören Sie sich das Gespräch an und beantworten Sie dann die Fragen:

1. Hvad hedder pigen?
2. Hvor gammel er hun?
3. Hvor høj er hun?
4. Hvad har hun på?

9

Aussprache: Wortbetonung

Markieren Sie die betonten Silben in jeder Zeile, bevor Sie die folgenden Wörter von der Cassette/CD hören.

sommer	hus	sommerhus
turist	information	turistinformation
nord	Jylland	Nordjylland
morgen	mad	morgenmad
citron	vand	citronvand
uge	blad	ugeblad
mor	far	morfar
spise	kort	spisekort
kontor	tid	kontortid

Als Faustregel können Sie sich merken, dass bei zusammengesetzten Wörtern das erste Wort seine Betonung behält, das zweite jedoch unbetont wird.

10

Aussprache: Satzbetonung

Hören Sie Folgendes von der Cassette/CD und sprechen Sie nach:

Hvad koster den dér grønne bluse?
Jeg har tænkt på en sort eller en blå kjole.
Har I skjorter i størrelse XL?
Jeg vil gerne prøve den.
Den her passer fint.

Anmerkungen

zu 4
Komplimente

Es gibt natürlich viele Möglichkeiten, Komplimente auszusprechen. Merken Sie sich folgende zwei:

> **Jeg kan vældig godt li'** din sweater.
> **Hvor er** din sweater flot!

Mögliche Reaktion darauf:

> Tak (skal du ha')!
> Det er jeg glad for at høre.

Vældig wird bekanntlich (s. Lektion 4) in der Alltagssprache immer dann verwendet, wenn man etwas **Positives verstärken** möchte:

> Din sweater er vældig flot.
> Din datter er vældig sød.

zu 6

> Jeg skal **til dansk**.
> (skal drückt hier Zukünftiges aus)
> Jeg går **til gymnastik**.
> Jeg går **til engelsk**.

Ausdrücke wie diese (til + ein Fach) werden häufig verwendet, wenn man Kurse besucht.

Zur Grammatik

Adjektive: Die bestimmte Form bei vorangestellten Adjektiven (s. auch S. 203)

In der vorangegangenen Lektion haben Sie gelernt, wie das Adjektiv sich nach dem unbestimmten Substantiv richtet, das es vorangestellt beschreibt:

> en god tur
> et godt ur
> gode ture – gode ure

Die bestimmte Form von Substantiven mit einem vorangestellten Adjektiv wird ähnlich wie im Deutschen gebildet, indem man den / det / de davor setzt:

unbestimmt	bestimmt
en gul stol	**den** gule stol
et stort hus	**det** store hus
røde sokker	**de** røde sokker

Die Bestimmtheit kann auch durch einen Genitiv zum Ausdruck kommen:

> **Pers** flotte skjorte
> **Annes** sorte bil
> **kattens** grønne øjne

Ebenso durch ein Possessivpronomen:

> **mit** gamle ur
> **hendes** søde mand
> **deres** dejlige børn

Wir sehen, dass in allen diesen Fällen – also in der bestimmten Form von Substantiven, ob Singular oder Plural – immer ein **-e** an die Grundform des Adjektivs gefügt wird. Das ist doch eine gute Faustregel!

Fügt man ein *-e* zur Grundform, gibt es mitunter Besonderheiten, z. B.

grøn + e	*grø**nn**e*	Durch die Konsonantenverdoppelung bleibt der betonte Vokal kurz.
gammel + e	*gam**l**e*	
voksen + e	*voks**n**e*	Zusammenziehung, oft bei den Endungen *-el*, *-en*, *-er*
lækker + e	*læ**kr**e*	

Wie im Deutschen kann das Adjektiv auch ohne das zu beschreibende Substantiv stehen, wenn klar ist, worum es geht, wie z. B. im folgenden Dialog:

Her har vi nogle fine skjo ·er.
Jeg vil gerne prøve den grønne.

Denken Sie immer daran, dass ein vorangestelltes Adjektiv die Form eines bestimmten Substantivs verändert:

bogen	aber: *den tykke bog*
uret	aber: *det store ur*
børnene	aber: *de store børn*
husene	aber: *de nye huse*

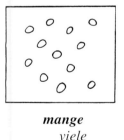 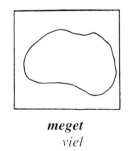

mange
viele

meget
viel

Mange wird immer dann verwendet, wenn es sich um zählbare Begriffe handelt:

mange personer
mange problemer

Meget wird dagegen verwendet bei Mengenbegriffen:

meget arbejde
meget mælk

Übungen

1

Setzen Sie die richtige Form des Adjektivs ein:

1. Min _____ kone var sur ' dag. (sød)
2. Pers _____ kat lå på se :n. (stor)
3. Karen fandt endelig sine _____ strømpebukser igen. (st(.omstret)
4. Trines _____ mand _____ gerne holde ferie uden børnene. (sv ,
5. Der er ikke nogen, der kan li' det _____hus. (lyserød)
6. Jeg vil gerne købe din _____ bil. (gammel)
7. De _____ piger legede ude i haven. (små)
8. Hendes _____ kjole var for kort efter vasken. (rød)

2

Setzen Sie die richtige Form ein:

1. Hans skal have en _____ sweater (ny). Han ser på en _____ og en _____ (grå, brun). Han kan bedst lide den _____, men den _____ er ikke så dyr (brun, grå).
2. Han vil også købe _____ sokker (ny). Han ser på nogle _____ og på nogle

_____ (mørkegrøn, hvid). Han tager de _____ (hvid).

3. Birthe prøver en _____ nederdel (ny). Hun kigger på en _____ og en _____ (lysegrøn, mørkegrøn). Den _____ koster 518 kr. og den _____ 498 kr. (lysegrøn, mørkegrøn).

4. Thomas skal have en _____ skjorte (ny). Han ser på en _____ og en _____ (ternet, stribet). Han vil gerne have den _____, men hans mor kan bedst lide den _____ (ternet, stribet). Tager de den _____ eller den _____ (ternet, stribet)?

5. Erik ser på en _____ og en _____ vindjakke (blå, gul). Han prøver først den _____ og så den _____ (blå, gul), men de passer ham ikke. Til sidst tager han en _____ (hvid).

3

Setzen Sie *lille* oder *små* ein:

1. Den _____ dreng cyklede til SuperBrugsen.
2. Skoene er for _____.
3. Har du en _____ datter?
4. Ole kan godt li' _____ hunde.
5. Danmark har mange _____ øer.
6. Der stod to _____ piger i døren.
7. Om aftenen drikker de altid et _____ glas vin.
8. Sweateren er for _____.
9. De _____ børn legede ude på pladsen.
10. Tit kan _____ børn ikke li' spinat.

11. Hans købte et _____ fjernsyn til sin kone i fødselsdagsgave.
12. Da Rigmor kom, havde hun en _____ flaske snaps med.
13. Morten læser en _____ dansk historie hver aften.
14. Susanne læser højt for sine _____ børn.

4

Setzen Sie ein:

min – mit – mine
din – dit – dine

1. Har du set m_____ taske?
2. Jeg kan ikke finde m_____ cigaretter.
3. Hvor er m_____ tændstikker?
4. Jeg kan godt li' d_____ billede.
5. Er det d_____ glas?
6. D_____ børn er meget søde.
7. Hvor er d_____ datter henne?
8. Kan du komme til m_____ fødselsdag?
9. M_____ tog går kl. 20.03.
10. Jeg kommer hen til d_____ værelse

5

Überlegen Sie, was der Mann an den Frauen noch auszusetzen haben könnte (Abbildung rechts). Nehmen Sie eventuell das Wörterbuch zu Hilfe:

1. for ...
2. for ...
3. for ...

Lektion 15

6

Finden Sie mindestens 12 Adjektive (waagerecht und senkrecht):

```
V D U M E R Æ L A N G S
A O R I G H F L O T A M
R V U S O K O R T G R Å
M E L D D E J L I G P E
S N K R Ø L L E T S U R
```

7

Mange oder *meget*? Fügen Sie hinzu:

8 45

Zwei Freunde, Lars und Bent, unterhalten sich über Mädchen. Wie beschreibt Bent seine neue Freundin Gitte? Nennen Sie drei Eigenschaften. Kreuzen Sie an, was das Aussehen betrifft (Frage Nr. 2 und 3):

1. Hun er

   a. _____

   b. _____

   c. _____

2. Hendes hår er
   ❏ mørkt
   ❏ lyst
   ❏ langt
   ❏ kort

3. Hun er
   ❏ tyk
   ❏ slank

9 46
Aussprache: Der Konsonant *v*

Hören Sie die Wortpaare von der Cassette/CD und kreuzen Sie an, ob der *v*-Laut jeweils gleich oder nicht gleich ausgesprochen wird.

		gleich	nicht gleich
vand	viking	❏	❏
syv	syvtal	❏	❏
hav	Middelhavet	❏	❏
brev	brevet	❏	❏
kniv	kniven	❏	❏
kniv	lommekniv	❏	❏
flyv	flyvemaskine	❏	❏
øv	øvelse	❏	❏
skriv	skrivebord	❏	❏
sjov	sjovere	❏	❏
torv	torvegade	❏	❏

Am Anfang eines Wortes oder einer Silbe wird das *v* meistens wie das deutsche *w* ausgesprochen – nie wie ein *f*. Am Ende eines Wortes oder einer Silbe erhält der Laut einen Beiton, der wie ein *u* klingt. Dies ist auch in einigen Dialekten der Fall in Wörtern wie z. B. *kniven, flyvemaskine, øvelse, skrivebord*.

10 47
Aussprache: Satzbetonung

Hören Sie Folgendes von der Cassette/CD und sprechen Sie nach:

Har du tid til det?
Har du tid til en lille kop kaffe?
Hvordan ser han ud?
Han ligner sin bror.
Jeg kan vældig godt li' din sweater.
Hvor er den flot!

Lektion **16**

Anmerkungen

zu 4
hellere

Wieder ein kleines, aber wichtiges Wort:
hellere (lieber)!
Es ist die Steigerung von *gerne*:

> *Ja, jeg vil gerne ha' et stykke chokolade,
> men jeg vil da hellere ha' to.*

zu 5
Anders And ist die dänische Ausgabe von
„Donald Duck".

Zur Grammatik

Adjektive: Steigerungsformen

Es gibt 2 Formen der Steigerung von
Adjektiven:

a. Steigerung mit *-ere* und *-(e)st*
Die meisten Adjektive (z. B. einsilbige
Adjektive) erhalten bei der Steigerung die
Endung
-**ere** (Komparativ) und -**(e)st** (Superlativ):

slank	*slank**ere***	*slank**est***
grøn	*grønn**ere***	*grønn**est***
langsom	*langsomm**ere***	*langsom**st***
hurtig	*hurtig**ere***	*hurtig**st***

Bei Adjektiven mit der Endung *-**som*** und
*-**ig*** (s. *langsom, hurtig*) wird im Superlativ
nur ein *-**st*** hinzugefügt.

Einige Wörter erfahren eine Konsonanten-
verdoppelung, damit der Laut kurz bleibt (s.
grøn, langsom). Sie kennen es bereits.

b. Steigerung mit *mere* und *mest*
Diese Steigerungsform findet man haupt-
sächlich bei
– mehrsilbigen Adjektiven
  (z. B. *velhavende*)
– bei abgeleiteten Adjektiven
  (z. B. *interesseret*)
– Adjektiven, auf *-sk* oder *-isk* endend
  (z. B. *dansk, praktisk*)
– Fremdwörtern (z. B. *intelligent*)

velhavende	*mere velhavende*
	mest velhavende
interesseret	*mere interesseret*
	mest interesseret
dansk	*mere dansk*
	mest dansk
praktisk	*mere praktisk*
	mest praktisk
intelligent	*mere intelligent*
	mest intelligent

c. Es gibt außerdem noch eine kleine
Anzahl von Adjektiven mit einer unregel-
mäßigen Steigerung, z. B.:

god	*bedre*	*bedst*
stor	*større*	*størst*
mange	*flere*	*flest*

(zählbar: viele, z.B. *mange personer*)

meget	*mere*	*mest*

(unzählbar: viel, z. B. *meget vand*)

Da gerade diese häufig verwendet werden, müssen sie gelernt werden. Eine Liste finden Sie hinten im Buch.

Vergleiche

Beim Vergleich wird **lige så ... som** gebraucht, zusammen mit der Grundform:

> *Inger er **lige så** intelligent **som** Arne.*
> (so intelligent wie)
> *Jens er **lige så** stor **som** Ole.*
> (so groß wie)

Beim Vergleich mit einem Komparativ wird **end** verwendet:

> *Werner er hurtig**ere end** Wolfgang.*
> *Lone er **mere** velhavende **end** Jytte.*

Der Superlativ wird verwendet, wenn etwas mit allem anderen verglichen wird:

> *Det her er **den billigste** frakke.*
> *Hun er **den yngste af** dem.*
> *Peter er **mest intelligent**.*

Übungen

1

Mange oder *meget*? Setzen Sie ein:

1. Hvor _____ børn har du?
2. Hvor _____ kaffe drikker du?
3. Hvor _____ dåser tomater skal vi ha'?
4. De har _____ venner.
5. Jeg har _____ arbejde i weekenden.
6. Hun læser _____.
7. Du har vel nok _____ bøger.
8. Hvor _____ flasker vin har du købt?
9. Hvor _____ mælk er der?
10. Hvor _____ koster huset?

2

Setzen Sie *flere* oder *mere* ein:

1. Vil du ha' _____ kaffe?
2. Hva' med lidt _____ vin?
3. Har I ikke lidt _____ fløde?
4. Har vi ikke _____ kartofler?
5. Kommer der ikke _____ personer?
6. Jeg ville gerne ha' nogle _____ penge.
7. Må jeg be' om lidt _____ sovs?
8. Har du lidt _____ arbejde til mig?

3

Vervollständigen Sie nach folgendem Muster:

Oles pige er dejlig, men min pige er *endnu dejligere*.

1. Vi har et nyt hus, men Hansens hus er

   _____.

2. Min datter har lyst hår, men mit er

   _____.

3. Bogen dér er interessant, men den her

   er _____.

4. Min mand er intelligent, men jeg tror,

   jeg er _____.

5. Lampen er meget moderne, men stolen

   er _____.

6. Vin er meget billig i Tyskland, men den

   er _____ i Spanien.

7. Petersens har en lille bil, men min er

   _____.

8. Hun er allerede 87 år gammel, men hendes mand er _____.

9. Vi er mange personer, men vi bliver

   _____.

10. Vi har meget arbejde, men vi får

    _____.

11. Maden er god her, men den er

    _____ på „Hotel Norden".

12. Vores telt er stort, men Jensens er

    _____.

4

Bilden Sie Sätze nach dem Muster:

billig: Jeg vil gerne ha' *den billigste*.

1. pæn
2. dyr
3. skøn
4. dejlig
5. lang
6. stor
7. lille
8. god
9. gammel

5

Vergleichen und schreiben Sie nach folgendem Muster:

høj: Himmelbjerget – Montblanc – Mount Everest

Himmelbjerget er højt, men Montblanc er højere end Himmelbjerget. Mount Everest er højest.

1. stor: København – Paris – London
2. dyr: øl – vin – whisky
3. god: et ugeblad – fjernsyn – en bog
4. lille: Sjælland – Fyn – Samsø
5. gammel: Ole (60 år) – Bent (65 år) – Arne (72 år)
6. langsom: tog – bus – færge
7. pæn: Niels – Erik – Per
8. sød: Camilla – Lone – Esther
9. ung: en teenager – et barn – en baby

6

End oder *som*? Setzen Sie ein.

1. Hans er højere _____ Birthe. Erik er yngre _____ Thomas. Erik er lige så høj _____ Thomas.

2. Thomas er mindre _____ Hans. Thomas er lige så høj _____ Birthe.

3. En engelsk bøf er dyrere _____ en dansk. Øl er billigere _____ vin. Citronvand er lige så dyrt _____ danskvand. Citronvand er billigere _____ øl.

4. At gå en tur er lige så godt _____ at cykle. At køre en tur i bil er ikke så godt _____ at cykle. En bil er dyrere _____ en cykel, men en cykel er bedre _____ en bil.

7

Ordnen Sie die Gegensätze einander zu und tragen Sie die Ergebnisse in das Schema ein:

1. sort	a. lille	1
2. gammel	b. dårlig	2
3. kold	c. hvid	3
4. stor	d. billig	4
5. første	e. forkert	5
6. frisk	f. ung	6
7. lys	g. sidste	7
8. rigtigt	h. gammel	8
9. dyr	i. varm	9
10. sur	j. langsom	10
11. hurtig	k. mørk	11
12. god	l. sød	12

8

Familie Hansen aus Esbjerg befindet sich auf einer Einkaufstour in Deutschland und hält sich gerade in einem Supermarkt auf.

Kreuzen Sie an, wofür sich die Familie bei ihrem Einkauf interessiert:

champagne ❑
hvidvin ❑
rødvin ❑
øl ❑
chokolade ❑
sko ❑
en bluse ❑
tøj ❑
en cd ❑

Hören Sie die Cassette/CD ein zweites Mal und begründen Sie hinterher, weshalb die verschiedenen Dinge gekauft werden oder auch nicht.

9

Aussprache: Buchstaben, die man nicht hört

Streichen Sie in folgenden Wörtern die stummen Buchstaben durch und überprüfen Sie hinterher anhand der Cassette/CD, ob Sie es richtig gemacht haben.

kalender	hvad	halv	hvor	tolv	god	godt
hjem	hvordan	veninde	mandag	fødselsdag	undskyld	Tyskland
Ålborg	fredag	det	af	morgen		

Tragen Sie die Wörter nun in die richtige Spalte ein; es können Wörter mehrmals vorkommen. Wenn Sie Lust haben, tragen Sie noch weitere Wörter aus den vorangegangenen Lektionen des Lehrbuches in das Schema ein.

stummes *d*	stummes *f*	stummes *g*	stummes *h*	stummes *t*	stummes *v*

10

Aussprache: Satzbetonung

Hören Sie Folgendes von der Cassette/CD und sprechen Sie nach:
Hanne er meget slankere end Susanne.
Jytte er mere selvbevidst end Karsten.
Hun er meget bedre til dansk end Ole.
Tag hellere den her jakke. Den er meget flottere.
Det er det mest spændende diskotek i byen.
Tøj er lige så dyrt i Danmark som i Tyskland.

Lektion 17

Anmerkungen

zu 1

Erteilt man einen **Rat** oder gibt eine man **Empfehlung,** verwendet man oft *skulle* oder *ville*:

    Du skulle ...   Du solltest ...
    Jeg ville (ikke) ...   Ich würde (nicht) ...

Nach *skulle* und *ville* folgt wie üblich nach Modalverben der Infinitiv:

    Du skulle købe en ny bil.
    Jeg ville ikke køre til Milano.

zu 9

Beim Verabschieden bedankt man sich oft etwas überschwenglich: *Tusind tak!*
Folgende Wendung wird oft im Sinne von „Es war nett" gebraucht:

    Det har (virkelig) været hyggeligt!

Zur Grammatik

anden/andet/andre

Beachten Sie, dass diese Wörter sich wie Adjektive nach dem Geschlecht und der Anzahl des dazugehörigen Substantivs richten.

    *Jeg vil gerne have **en** and**en** tallerken.*
    *Har De ikke **et** and**et** værelse?*
    *Jeg vil gerne se på nogle and**re** stole.*

    *Jeg kan bedre li' **den** and**en** stol.*

    *Du skulle have taget **det** and**et** bord.*
    *Hun gik på værtshus sammen med nogle and**re** kolleger.*

Modalverben: *skulle, ville*

Das Imperfekt von *skal* und *vil* benutzt man u. a., um **Ratschläge** und **Empfehlungen** zu erteilen, s. auch unter „Anmerkungen" und in der Grammatikübersicht, S. 198 f.

Übungen

1

Geben Sie die folgenden Ratschläge auf Dänisch:

1. Du solltest ein Taxi nehmen.
2. Ich würde ein Zimmer mit Bad nehmen.
3. Ich würde nach Kopenhagen fliegen.
4. Ich finde nicht, dass du diesen Koffer mitnehmen solltest.
5. Ich finde, du solltest Urlaub machen.
6. Du solltest ein längeres Bett kaufen.
7. Ich würde die Fähre um 13 Uhr nehmen.
8. Du solltest jeden Tag 15 neue dänische Wörter lernen.

2

Setzen Sie die folgenden Wörter in der richtigen Form ein:

bagage – for sent – forsinket – kuffert – passager – rejse – station – taske – taxa – tog – trafik – vente

Hanne skulle _____ fra Næstved til Århus. Hun havde meget _____, to _____ og en rejse- _____, så hun mente, det var bedst, at hun tog en _____ til _____. Der var meget _____, og Hanne kom _____ til _____. Men på stationen hørte hun, at toget var _____, også andre _____ stod og _____

3

Setzen Sie *anden/andet/andre* ein:

1. Jeg vil gerne have et _____ bord.
2. Hun stod og ventede sammen med de _____ passagerer.
3. Må jeg få en _____ gaffel.
4. Har I ikke et _____ værelse?
5. Hvorfor er du ikke sammen med de _____?
6. Hun kan bedre li' de _____ blomster.
7. Må jeg be' om en _____ vin?
8. Lad os sætte os ved et _____ bord.

4

Setzen Sie die folgenden Wörter ein:

i (2x) – *med* (2x) – *om* (2x) – *på* (2x) – *til* (3x) – *uden*

1. Jeg købte et hus _____ Bredgade.
2. Gaven er _____ min mand.
3. Skal værelset være med eller _____ bad?
4. Han bliver _____ den 16. august.
5. De bor _____ femte sal.
6. Må jeg be' _____ nøglen til værelse nr. 51?
7. Snak med din familie _____ det.
8. Hun hentede dem _____ lufthavnen.
9. Han tog en taxa _____ stationen.
10. Inge ventede _____ sin veninde.
11. Ole hjalp hende _____ kufferten.
12. Hun var tilfreds _____ middagen.

5

Ordnen Sie die Wörter in die jeweiligen Gruppen ein:

billede – forældre – voksen – nederdel – ost – pålæg – fløde – tæppe – kvinde – æg – kjole – sko – seng – dreng – kød – skjorte – stol – trøje – skab – søskende

Einrichtung	Kleidung
1. _____	1. _____
2. _____	2. _____
3. _____	3. _____
4. _____	4. _____
5. _____	5. _____

Ernährung	Menschen
1. _____	1. _____
2. _____	2. _____
3. _____	3. _____
4. _____	4. _____
5. _____	5. _____

6

Aus den neun Buchstaben der Quadrate können Sie jeweils ein Wort bilden:

1.

T	R	O
S	F	I
N	K	E

2.

M	D	D
F	G	O
I	R	A

3.

O	D	R
A	M	G
M	N	E

7

Sie möchten einige Tage in einem Hotel in Dänemark verbringen, wo Sie abends auch mal tanzen können. Welches Hotel von den hier aufgeführten kommt für Sie in Frage?

8 🔊 51

Eine Sekretärin wird von ihrer Chefin gebeten, ein Hotelzimmer zu bestellen. Hören Sie sich das Gespräch an und entscheiden Sie, ob die Aussagen richtig oder falsch sind.

	rigtigt	forkert
1. Sekretæren skal bestille et dobbeltværelse med bad.	❏	❏
2. Hotellet skal ligge i nærheden af lufthavnen.	❏	❏
3. Hotellet skal være stille og roligt.	❏	❏
4. Der skal være telefon på værelset.	❏	❏
5. Der skal også være fjernsyn.	❏	❏

9 **52**

Aussprache: Der Vokal *e*

Sie hören von der Cassette/CD Wortpaare.
Kreuzen Sie jeweils an, ob der betonte *e*-
Laut gleich oder nicht gleich ist.

	gleich	nicht gleich
a.	❏	❏
b.	❏	❏
c.	❏	❏
d.	❏	❏
e.	❏	❏
f.	❏	❏
g.	❏	❏
h.	❏	❏
i.	❏	❏
j.	❏	❏
k.	❏	❏
l.	❏	❏

Sprechen Sie nun die Wörter wie immer
nach.

10 **53**

Aussprache: Satzbetonung

Hören Sie Folgendes von der Cassette/CD
und sprechen Sie nach:

Vi ses på lørdag.
Ja, det gør vi.
Ved du, hvor toilettet er?
Er der en elevator her i huset?
Hvilke faciliteter har hotellet?
Det har virkelig været hyggeligt.
Ja, det synes jeg også.

Lektion 18

Anmerkungen

zu 1
Die Städte Aabenraa und Aalborg schreiben sich zwar mit *aa*, aber offiziell ist dies nicht anerkannt. In alphabetischen Auflistungen stehen sie deshalb weiterhin unter dem Buchstaben *å*, also an letzter Stelle des Alphabets – sehr zum Ärger der Bürger und Stadtoberen der Städte. Den Buchstaben *å* gibt es seit der Rechtschreibreform im Jahre 1948, nur in Eigennamen kann *aa* beibehalten werden.

zu 4
Man kann „hinter" sowohl mit *bag* oder *bagved* übersetzen, wobei *bagved* eher in der Alltagssprache vorkommt.

Zur Grammatik

nogen/noget/nogle

Das unbestimmte Pronomen *nogen/noget/nogle* kann substantivisch (d. h. allein) oder adjektivisch (d. h. vor einem Substantiv) stehen:

a. substantivisch

nogen – jemand	*ikke nogen (ingen)* – keiner, niemand
noget – etwas	*ikke noget (intet)* – nichts
nogen – einige Plural	*ikke nogen (ingen)* – keine

Er her nogen?	*Der er vist ikke nogen hjemme.*
Har du noget med til mig?	*Der er vist ikke noget, vi skal snakke om.*
Nogen vil gerne have te.	*Der er ikke nogen, der vil have øl.*

Ingen/intet/ingen wird hauptsächlich in der Schriftsprache gebraucht. *Intet* wird in der Alltagssprache auch durch *ingenting* (nichts) ersetzt, z. B.

    Det ved jeg ingenting om.   Darüber weiß ich nichts.

b. adjektivisch

Hier richtet sich das Pronomen im Prinzip nach dem Substantiv, zu dem es gehört:

Singular
nogen (wird im Singular hauptsächlich zusammen mit *ikke* gebraucht):
    *De har ikke nog**en bil**.*   *(en bil)*
    *Hun har ikke nog**en veninde**.*   *(en veninde)*

noget (wird im Singular hauptsächlich zusammen mit *ikke* gebraucht, aber auch in Verbindung mit Mengenbegriffen):

*Ole har ikke nog**et slips**.*   *(et slips)*
*Vi har ikke nog**et fjernsyn**.*   *(et fjernsyn)*

*Der er **noget arbejde**, jeg skal have gjort færdigt.*
*Der er **ikke noget mælk** i kanden.*

Plural
nogen/nogle

Har du nogen børn?   überhaupt welche, ähnlich wie im
Er der nogen problemer?   Englischen „any"
Har I nogen bluser?

Der kom nogle børn og legede.   einige, wird wie ein unbestimmter Artikel
Jeg har nogle problemer på mit arbejde.   verwendet, ähnlich wie im Englischen
Jeg vil gerne se på nogle bluser.   „some"

Wichtig: In der gesprochenen Sprache wird *nogle* immer mehr von *nogen* verdrängt, das gilt auch für die Aussprache. *Nogle* wird also wie *nogen* ausgesprochen.

Übungen

1
Sehen Sie sich die Zeichnung an und bilden Sie Sätze unter Verwendung von folgenden Wörtern:

i – på – over – under – bag – foran – ved siden af – mellem

2
Setzen Sie *nogen, noget, nogle* ein:

1. Vi har ikke _____ bil.

2. Jeg vil gerne have _____ æbler.

3. Er der_____, jeg kan hjælpe dig med?

4. Der er ikke _____ i fjernsynet.

5. Der er ikke _____, der vil have kaffe.

6. Hent lige _____ glas i køkkenet.

7. Der er ikke _____ hjemme.

8. Vi har ikke _____ mælk.

9. Jeg har ikke _____ børn.

10. Jeg har ikke _____ fjernsyn.

3

Sehen Sie sich die Karte von Dänemark an und setzen Sie ein:

i – mellem (2x) *– på* (3x) *– ved – vest for* (3x) *– øst for*

1. Odense ligger _____ Fyn.
2. Ålborg ligger _____ Jylland.
3. Roskilde ligger _____ København.
4. Grenå ligger _____ Randers.
5. Herning ligger _____ Ringkøbing og Silkeborg.
6. Fanø ligger _____ Esbjerg.
7. Nakskov ligger _____ Lolland.
8. Viborg ligger _____ Randers.
9. Hirtshals ligger _____ Vesterhavet.
10. Ålbæk ligger _____ Frederikshavn og Skagen.
11. Rønne ligger _____ Bornholm.

SKAGEN
HIRTSHALS
ÅLBÆK
HJØRRING
FREDERIKSHAVN
LØKKEN
RØNNE
LÆSØ
BORNHOLM
ÅLBORG
MORS
SKIVE
VIBORG
HOLSTEBRO
RANDERS
GRENÅ
RINGKØBING
HERNING
SILKEBORG
ÅRHUS □
JYLLAND
HORSENS
SAMSØ
HELSINGØR
NYKØBING
KØBENHAVN
VEJLE
KALUNDBORG
ROSKILDE □
ESBJERG
FREDERICIA
KOLDING
MIDDELFART
ODENSE □
SJÆLLAND
SLAGELSE
KØGE
FANØ
RIBE
HADERSLEV
RINGSTED
KORSØR
NÆSTVED
FYN
NYBORG
RØMØ
ÅBENRÅ
FÅBORG
TØNDER
ALS
ÆRØ
LANGELAND
NAKSKOV
VORDINGBORG
STEGE
MØN
FALSTER
NYKØBING FALSTER
LOLLAND

4

Welche Wörter aus dem Kasten gehören zu den Verben?

1. vaske _____
2. besøge _____
3. se _____
4. læse _____
5. holde _____
6. bestille _____
7. drikke _____
8. spise _____
9. lære _____
10. bygge _____

avis	bord	dansk
	ferie	fjernsyn
hus	kaffe	morgenmad
	tøj	venner

5

Vervollständingen Sie den Text, indem Sie die folgenden Wörter einsetzen:

aften – se – hjemme – radio – gulvet – li' – fjernsynet – sig – seng – kigger – ligger – går – leger – bog – læser

Det er en _____ i april. Familien Andersen er _____. De hygger _____. Birthe _____ på sofaen og _____ avis. Hans sidder og _____ på en _____ om Tyskland. Erik ligger på _____ og _____ med biler. Thomas hører _____. Han kan godt _____ den danske gruppe „Shu-bi-dua". Han vil gerne _____ „Dallas" i _____, men de andre vil ikke. Børnene går snart i _____. Så _____ Birthe og Hans en lille aftentur.

6

Setzen Sie *anden/andet* oder *andre* ein:

1. Jeg vil gerne se på et par _____ sko.
2. Har du ikke en _____ bog?
3. Jeg vil gerne be' om en _____ kniv.
4. Ole vil gerne være sammen med alle de _____.
5. Kan vi ikke snakke om noget _____?
6. Lars vil gerne have en _____ bil.
7. Kan vi ikke købe et _____ billede?
8. Du kan komme en _____ dag.

7

Ordnen Sie die zutreffenden Antworten einander zu:

1. Hvor ligger hotellet?	a. Det er en god idé.
2. Kom og kig ind hos os!	b. Hos hr. Mads Jørgensen i Bredgade 14.
3. Jeg kommer og besøger dig i morgen.	c. Ja tak, det vil vi gerne.
4. Kan du ikke skrive det brev nu?	d. Ja, det gør vi.
5. Er du glad for dit arbejde?	e. Ja, det er mig.
6. Tak for i dag!	f. Ja, det er jeg.
7. Vi ses i morgen!	g. Ved siden af biografen i Storegade.
8. Hvor kan vi hente nøglen til sommerhuset?	h. Selv tak!
9. Kom godt hjem!	i. Jeg har desværre ikke tid nu.
10. Taler jeg med Bodil Hansen?	j. Tak i lige måde.

1	
2	
3	
4	
5	
6	
7	
8	
9	
10	

8

Leif und Gitte wollen ins Theater. Es ist schon spät, und es geht bei ihnen etwas hektisch zu. Kreuzen Sie an, wo die verschiedenen Dinge gefunden werden:

1. De nye sokker:
❏ a. i skabet
❏ b. på bordet
❏ c. under fjernsynet

2. Cigaretterne:
❏ a. i tasken
❏ b. i køkkenskabet
❏ c. i entréen

3. Bilnøglerne:
❏ a. i tasken
❏ b. ved siden af fjernsynet
❏ c. i entréen

4. Billetterne:
❏ a. bag radioen
❏ b. i reolen
❏ c. på natbordet

9

Aussprache: Der Vokal *e*

Hören Sie die Wörter und kreisen Sie in jeder Zeile die abgeschwächten *e*-Laute in den unbetonten Silben ein. Sprechen Sie die Wörter in einem zweiten Durchgang nach. (Benutzen Sie die Pausentaste, falls nötig).

ikke   attende   otte
reoler   kopper   bøger
suppe   skole   færge
cyklen   isen   muren
kommer   hedder   ringer
ride   tale   snakke
forældre   søstre   voksne
søster   søsteren   søstrene
kuglepen   cigaretter   rutebilen

10

Aussprache: Satzbetonung

Hören Sie und sprechen Sie nach:

Hvor ligger Roskilde?
Det ligger i nærheden af København.
Ligger det syd for byen?
Nej, det gør det ikke.
Hvor plejer du at ta' hen i ferien?
Vi holder tit ferie på Rømø.

Anmerkungen

zu 1

Die Präpositionen sind zusammen mit den Substantiven zu lernen, da es keine Regel gibt: *på hotel, på en gård, i telt*, usw.

zu 2

Merken Sie sich folgende Zeitbestimmungen:

i år – dieses Jahr
hvert år – jedes Jahr
næste år – nächstes Jahr
sidste år – letztes Jahr
en gang om året – einmal im Jahr
to gange om året – zweimal im Jahr

zu 6

In Gesprächen und Diskussionen finden folgende Ausdrücke oft Verwendung:

Jeg tror ...
Ich glaube/denke/mutmaße/vermute/ bin mir nicht sicher etc., ebenso:
Det tror jeg ikke/også. Tror du ...?

Jeg synes ...
Ich finde/bin der Meinung etc,. ebenso:
Det synes jeg ikke/også. Synes du ...?

zu 7

Bei **Vorschlägen** zu einer gemeinsamen Unternehmung werden hauptsächlich zwei Wendungen gebraucht:
a. *Skal vi ikke ...*
(gefolgt vom Infinitiv, z. B.:)

Skal vi ikke tage til stranden?
Skal vi ikke spise ude på altanen i dag?

b. *La' os ...* (gefolgt vom Infinitiv, z. B.:)
La' os tage til stranden.
La' os spise ude på altanen i dag.

Mögliche Reaktionen hierauf sind gleich:
Det er en god idé! (positiv)
Det gider jeg ikke rigtig! / Det har jeg ikke rigtig lyst til. (negativ)

Besonders wenn man dem Vorschlag gegenüber negativ gestimmt ist, sollte man mit einem Gegenvorschlag kommen:

Skal vi ikke hellere ...
La' os hellere ...

zu 8

Man hat im Dänischen zwei Ausdrücke für „es dauert": *det varer* und *det tager*:

Sejlturen varer 2 timer.
Det tager ca. 2 timer med tog.

Zur Grammatik

Das Modalverb *kan*

Kan als Ausdruck für **Fähigkeiten:**

Jeg kan ikke strikke.
Kan du spille et instrument?
Du kan jo ikke svømme.

Kan als Ausdruck für **Möglichkeiten** (s. auch Lektion 6):

Vi kan leje en campingvogn.

Kan du komme klokken 3?
Kan du sige mig, hvor det er?

Das Modalverb *skal*

Skal als Ausdruck für **Forderungen/Not-wendigkeiten:**

Vi skal gå nu!
I skal vaske hænder, før I spiser.
Jeg skal have det her færdig til i morgen.

Skal in **Aufforderungen** und **Vorschlägen:**

Skal vi ikke gå en tur?
Skal vi ikke tage til stranden?
Skal vi ikke lave mad nu?

Das Modalverb *vil*

Vil als Ausdruck für einen **Wunsch:**

Jeg vil gerne have en ny cykel.
Jeg vil helst til Spanien.
Jeg vil hellere se fjernsyn.

Passivbildung mit der Endung *-s*

Der skal gøres rent.
   Es muss sauber gemacht werden.
Der skal laves mad.
   Es muss Essen gekocht werden.
Der skal vaskes op.
   Es muss abgewaschen werden.

Hier haben wir Beispiele für das Passiv mit der Endung *-s* nach Modalverben. Diese Form wird dann verwendet, wenn allgemein gesprochen wird und es nicht auf die Person ankommt.

Die Passivbildung gehört nicht zum Lernstoff im Anfängerunterricht. Sie brauchen dies deshalb nur zur Kenntnis zu nehmen.

Steigerungsform: *gerne, hellere, helst*

Jeg vil gerne ...   gern
Jeg vil hellere ...   lieber
Jeg vil helst ...   am liebsten

Übungen

1
Birthe schreibt einen Brief an ihre Mutter. – Lesen Sie nochmals den Text 2 im Lehrbuch (S. 113) und vervollständigen Sie dann die Sätze:

26. februar 19..

Kære mor!
Undskyld, jeg først får tid til at skrive nu.
Vi har lige snakket om _____ (1). Erik vil gerne _____ (3) i år, som
(2), men det er jo alt for dyrt. Vi kan heller ikke _____ (3) i år, som
vi plejer. Hans foreslog, at _____ (4). Efter en lang diskussion blev
vi enige om at _____ (5). Drengene er begejstrede, de vil gerne
_____ (6). Hans mener, at _____ (7). Vi vil se, om vi kan
få _____ (8).
Kærlig hilsen   *Birthe*

2

Erzählen Sie den Text mit Hilfe der Zeichnungen:

3

Schreiben Sie **zwei Dialoge** mit folgenden Inhalten. Benutzen Sie dazu Redewendungen und Formen aus den Texten der Lektion 19 im Lehrbuch:

Schlagen Sie Freunden oder Ihrer Familie vor, Urlaub auf einem Segelboot zu machen:

_____

_____

Die anderen sind begeistert:	Sie sind nicht begeistert:
_____	_____

Alle sprechen darüber, was man in so einem Urlaub alles tun kann:	Sie erklären, warum Sie diese Form des Urlaubs nicht mögen:
_____	_____
_____	_____
_____	_____
_____	_____

Es wird beschlossen, wann, wo und wie Urlaub gemacht wird:

_____	_____
_____	_____

4

Setzen Sie die folgenden Reflexivprono-
men ein:

mig – dig – sig – os – jer

1. Jeg glæder _____ til min fødselsdag.
2. De hygger _____ om aftenen.
3. Rutebilen kommer om fem minutter,
   du må skynde _____ .
4. Vi glæder _____ altid til den næste
   dansktime.
5. Skynd _____ ! Ellers kommer vi for
   sent!
6. Lad os rigtig hygge _____ i aften!
7. Mor: „Har I vasket _____ ?"
8. Børnene hyggede _____ ved festen.
9. Jeg må skynde _____ , mit tog går
   om ti minutter.
10. Han vasker _____ aldrig om aftenen.

5

Übersetzen Sie und tragen Sie ein. Die stark
umrandeten Felder ergeben, senkrecht gele-
sen, einen Begriff, den Sie kennen:

1. Fluss
2. Meer
3. Natur
4. Wasser
5. See
6. Wald
7. Hügel
8. Berg

6

Setzen Sie ein:

i år – om året – hvert år – sidste år

1. Vi holder ferie to gange _____ .
2. De købte hus _____ .
3. Vi havde en meget varm sommer
   _____ .
4. Vores pige bliver 18 _____ .
5. De tager til Grønland _____ .
6. _____ var Jørgen i USA.
7. Vi skal til Mallorca _____ .
8. Han køber en ny bil _____ .
9. De blev gift _____ .

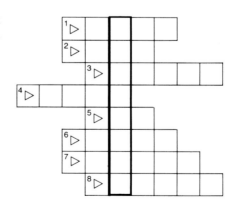

7

Ordnen Sie zu:

1. I ferien hjælper børnene med at vaske op.	a. Nå, vi plejer at bo på „Atlantic".
2. Jeg glæder mig til at se Ole.	b. Nej, det bli'r for dyrt.
3. La' os gå ud at spise!	c. Tror du virkelig, at de gider det?
4. Hej med dig!	d. Det er en god idé. Jeg køber noget kød.
5. Vi plejer at bo på hotel „Norden".	e. Nej, vi ta'r til Sydtyskland.
6. Ska' I til Danmark igen i år?	f. Det gør jeg også.
7. Kan vi ikke grille i aften?	g. Det kan jeg heller ikke.
8. Jeg kan ikke li' at arbejde i haven.	h. Hej!

1	
2	
3	
4	
5	
6	
7	
8	

8 🎧 57

Zwei Männer unterhalten sich über ihren Urlaub. Hören Sie sich das Gespräch an. Benennen Sie die Männer mit A und B und entscheiden Sie, ob A oder B die folgenden Argumente oder Meinungen vertritt.

❏ 1. Det er dejligt at holde ferie sammen med sine børn.

❏ 2. Det er nok at være sammen med børnene hele dagen i weekenden.

❏ 3. Børn og voksne har forskellige interesser.

❏ 4. Det er vigtigt for en familie at være meget sammen.

9 🎧 58

Aussprache: Abgeschwächte Endlaute

Von den folgenden Wortpaaren hören Sie immer nur ein Wort. Unterstreichen Sie das gehörte Wort.

pige	piger
uge	uger
bage	bager
kigge	kigger
krone	kroner
kvinde	kvinder

10 🎧 59

Aussprache: Satzbetonung

Hören Sie Folgendes von der Cassette/CD und sprechen Sie nach:

Jeg plejer at bo på „Slotshotellet"
Ska' vi ikke gå en tur?
Ska' vi til Spanien igen i år?
La' os leje en campingvogn.
La' os ta' ud på en fisketur.
Det gider jeg ikke rigtig.

Lektion 20

Anmerkungen

zu 5
Tak

Sie wissen, dass die Dänen sich gern und häufig bedanken, so z. B. auch für eine erwiesene Hilfe:

> *Tak for hjælpen!*

Mögliche Reaktionen darauf:

- *Selv tak!*
- *Det var så lidt!*
- *Du er velkommen en anden gang!*

Zur Grammatik

Richtungsangaben

Die Richtungsangaben *lige ud, til venstre* etc. sollten nicht fehlen:

> *lige ud ad Storegade*
>   die Storegade entlang, geradeaus
> *til venstre ad Storegade*
>   die Storegade entlang, nach links
> *til højre ad Storegade*
>   die Storegade entlang, nach rechts
> *hen ad Storegade*
>   die Storegade entlang, hinunter
> *op ad Storegade*
>   die Storegade entlang, hinauf
> *ned ad Storegade*
>   die Storegade entlang, hinunter

Der

Zur Erinnerung (s. Lektion 10): Bei einem Subjekt in unbestimmter Form wird *der* als sogenannte Subjektstütze an die Stelle des Subjektes gesetzt.
In dieser Lektion wird dies viel verwendet, z. B.

> *Er der et motionscenter?*
> *– Nej, det er der ikke.*

Wortstellung

Beachten Sie die veränderte Wortstellung bei einem vorangestellten Satz in folgenden Beispielen.

> *Hvor **er der** et toilet?*
>   *Kan du sige mig, hvor **der er** et toilet?*
> *Hvor **kan jeg købe** et frimærke?*
>   *Ved du, hvor **jeg kan købe** et frimærke?*
> ***Er der** telefon i feriehuset?*
>   *Ved du, om **der er** telefon i feriehuset?*

Übungen

1

Schreiben Sie Minidialoge nach folgendem Muster:

Undskyld, kan du sige mig, hvor der er en rasteplads?
– Ja, det er ikke langt herfra. Kør til højre.

(← til venstre; ↑ lige ud; til højre →)
herfra – von hier
et vandrerhjem – Jugendherberge

→
Rasteplads

→

Restaurant

←

Information

↑

Telefon

←

Campingplads for
vogne

↑

Hotel

Benzintank
→

Badestrand
←

Cafeteria
→

↑
Kirke

Vandrerhjem
←

2

Setzen Sie ein:

ad – af (2x) *– for – på* (3x) *– til* (3x)

1. Vi skal _____ campingtur.
2. De tager _____ England i år.
3. Biografen ligger _____ højre hånd.
4. Du skal gå _____ venstre ved krydset.
5. McDonald's ligger over _____ teatret.
6. Restauranten ligger _____ hjørnet
   _____ Bredgade og Allingevej.
7. Jeg bor ved siden _____ apoteket.
8. Du skal gå lige ud _____ Storegade.
9. Hvordan kommer jeg _____ museet?

3

Stellen Sie Fragen nach folgendem Muster:

(Du vil købe ind.)
Kan du sige mig, hvor SuperBrugsen er?/
Kan du forklare mig vejen til Super
Brugsen?

(Du vil købe nogle frimærker.)
Undskyld, kan du sige mig, hvor der er
et posthus?

1. Du vil sejle med færgen.
2. Du vil køre med toget.
3. Du vil flyve til Mallorca.
4. Du vil svømme.
5. Du vil veksle DM til danske kroner.
6. Du vil købe nogle cigaretter.
7. Dine penge er væk.
8. Du vil købe nogle blomster.
9. Du vil tage bussen.
10. Du vil drikke en øl.

4

Versuchen Sie, durch den Irrgarten zum Ziel zu finden. Beschreiben Sie den Weg:

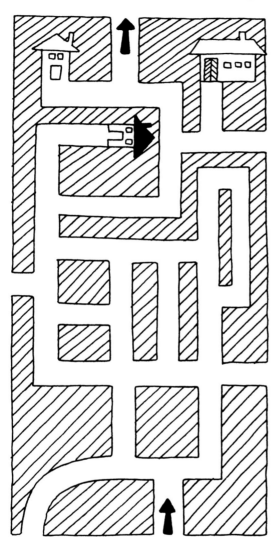

5

Jens hält sich während einer Geschäftsreise auf der Insel Møn auf. Er kennt hier die Familie Hansen und ruft dort an, um ein Treffen zu verabreden. Lone Hansen beschreibt den Weg zum Haus der Familie Hansen. Versuchen Sie, den Weg auf der Karte von Stege (Lehrbuch) zu verfolgen.

6

Hören Sie sich das Telefongespräch zwischen Lone und Jens mehrmals an. Versuchen Sie anschließend, auf die Fragen zu antworten. Benutzen Sie die Pausentaste, falls nötig.

1. Was sagt Lone, um ihre Freude über den Anruf auszudrücken?
2. Was sagt Jens, um anzudeuten, dass er gerne eingeladen werden möchte?
3. Was sagt Lone, um ihn einzuladen?
4. Was sagt Jens, nachdem Lone ihm den Weg beschrieben hat?
5. Was sagt Lone, um auszudrücken, dass sie sich auf den Besuch freut?
6. Was sagt sie, um Jens zum Essen einzuladen?
7. Was erwidert Jens darauf?
8. Was sagt Lone abschließend?
9. Und Jens?

7

Jemand fragt Sie nach dem Weg. Beschreiben Sie den Weg anhand der Zeichnungen möglichst genau.

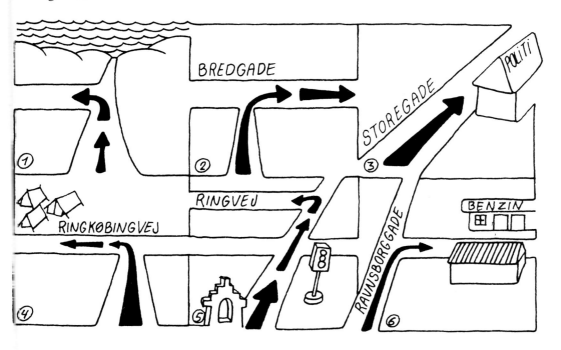

8 61

Aussprache: Der Vokal *i*

Hören Sie die folgenden Wörter. Sie werden spaltenweise vorgesprochen. Ein Wort in jeder Spalte unterscheidet sich in der Aussprache des Vokals von den anderen. Unterstreichen Sie dieses Wort.

vi	til	min	lidt	lige
ni	tid	din	ikke	li'
ti	papir	ikke	vi	lidt
til	kilo	lige	vil	mit

Überprüfen Sie Ihre Eintragungen, indem Sie die Cassette/CD noch einmal hören, und sprechen Sie dann die Wörter nach.

9 62

Aussprache: Satzbetonung

Hören Sie Folgendes von der Cassette/CD und sprechen Sie nach:

Er der et museum her i byen?
Hvor ligger det?
Kan du sige mig, hvor det ligger?
Du skal gå ned ad Bredgade.
Så ligger det på højre hånd.
Ved du, hvor der er en benzintank?

Lektion 21

Anmerkungen

zu 1

jeg fryser – mich friert
det fryser – es friert

zu 5

Das Liebeslied *Det er i dag et vejr* gehört zum traditionellen dänischen Liedgut, das auch heute noch gern gesungen wird. Bezeichnenderweise hat der populäre dänische Sänger Kim Larsen es in sein Repertoire aufgenommen.
Der Text ist ebenfalls in *højskolesangbogen*, dem Heimvolkshochschulgesangbuch, enthalten. Es handelt sich hierbei um eine Liedersammlung, die in Dänemark bei vielen Anlässen zur Hand genommen wird, da gemeinsames Singen eine große Tradition hat. *Højskolesangbogen* wurde 1989 überarbeitet und aktualisiert herausgegeben und enthält nun auch Lieder moderner dänischer Liedermacher und Gruppen wie z. B. Kim Larsen, Pia Raug und Shu-bi-dua.

zu 10

Die folgenden Reaktionen auf eine Absage drücken eher **Bedauern** aus:

Det er en skam!
Det var ærgerligt!
Det var kedeligt!

Reaktionen wie die Folgenden dagegen eher **Enttäuschung**:

Det er jeg (meget) ked af.
Det er jeg (meget) skuffet over.

Zur Grammatik

Das Imperfekt als Mittel, um Wünsche und Hoffnungen/Vorstellungen auszudrücken:

*Jeg **ville** ønske, du kunne komme.*
*Jeg **ville** gerne besøge dig på lørdag, men desværre skal jeg noget andet den dag.*
*Jeg **kunne** godt tænke mig at tage til Bornholm.*
*Bare det altid **var** godt vejr!*
*Gid du altid **var** her!*

Das Imperfekt als Mittel, um etwas zu betonen:

Man kann einen Satz mit *det var* beginnen (obwohl es sich um etwas handelt, das jetzt geschieht), wenn man etwas betonen möchte:

Det var en skam!
Det var ærgerligt!
Det var hyggeligt!

Übungen

1

Sehen Sie sich die Zeichnungen an und schreiben Sie, wie das Wetter ist:

2

Setzen Sie *hans* oder *hendes* ein:

1. Lone og _____ ven holder ferie i Italien.
2. Min kusine og _____ børn er hos os.
3. Min chef og _____ kone kommer til middag i dag.
4. _____ kjole var meget dyr.
5. _____ bil er ikke i orden.
6. Bent og _____ far er aldrig enige om noget.
7. Inger og _____ to veninder har snakket om at holde ferie sammen.
8. _____ kaffe bliver kold.

3

Setzen Sie *sin/sit/sine* nach folgendem Muster ein:

Birthe kigger på *sin* mand. (*en* mand)
Birthe kigger på *sit* ur. (*et* ur)
Birthe kigger på *sine* sko. (*to* sko)

1. Hans kan ikke finde _____ briller.
2. Ole vasker _____ hår.
3. Inger Marie går i teatret med _____ mand.
4. Lone tager _____ cykel og kører til købmanden.
5. Den femårige Mads går tur med _____ mor.
6. Anders ser på _____ ur.
7. Hun vasker _____ bil.
8. Barnet har ikke spist _____ mad.
9. Han kigger på _____ slips.

4

Setzen Sie *sin/sit/sine/hans/hendes* ein:

1. Ole går i biografen med _____ kone.
2. Han tager _____ hat og går.
3. Birthe vasker _____ hår.
4. Inger kigger på _____ ur.
5. Erik kan ikke finde _____ briller.
6. Han har glemt _____ sko.
7. Inges bil er ikke i orden. Hun spørger Ole, om hun må låne _____ bil.
8. Ole spørger Else, om han må låne _____ sommerhus.
9. Birthe spørger Erik, om han har set _____ nøgler.

5

Welche Entgegnung ist richtig? Kreuzen Sie an:

1. Skal vi ikke gå i biograen i aften?
   - ❏ a. Ja, det gider jeg.
   - ❏ b. Ja, det vil jeg.
   - ❏ c. Jo, det er en god idé.

2. Jeg har lyst til at gå en tur.
   - ❏ a. Det har jeg også.
   - ❏ b. Det gør jeg også.
   - ❏ c. Det vil jeg også.

3. Jeg tager til stranden i weekenden. Har du lyst til at komme med?
   - ❏ a. Det gør jeg også.
   - ❏ b. Ja, det har jeg.
   - ❏ c. Farvel, så længe!

4. Vi tager til Spanien i ferien.
   - ❏ a. Hej!
   - ❏ b. Det gør vi også.
   - ❏ c. Det har vi også.

5. Hva' med en tur ned til havnen?
   - ❏ a. Det gider jeg ikke lige nu.
   - ❏ b. Ja, det skal vi.
   - ❏ c. Ja, ikke.

6

Wenn Sie sich ganz besonders für Wettervorhersagen interessieren, beispielsweise weil Sie in dänischen Gewässern segeln möchten, dann übersetzen Sie die Zeitungsausschnitte mit Hilfe eines Wörterbuches. Schreiben Sie die „Fachausdrücke" wie z. B. *svag til jævn vind – fra øst til sydøst* auf ein Blatt Papier und lernen Sie diese anschließend.

Vejrudsigten
Svag til jævn vind fra forskellige retninger, dog mest fra øst og sydøst. Tørt og gennemgående letskyet til skyfrit vejr. Højeste temperaturer de fleste steder mellem 27 og 32 grader.

Vejrudsigten
Svag til jævn, sydøstlig vind. Gennemgående ringe skydække, ingen nedbør, men lokal dis eller tåge i nat- og morgentimerne. Maks. temp. på 20 til 25 grader, min. temp. på 8 til 12 grader.

Vejrudsigten
Tiltagende vind omkring sydvest og regn vestfra. Temp. mellem 5 og 8 grader.

Vejrudsigten
Vind fra vest og sydvest. Dagtemp. mellem 12 og 17 grader og om natten mellem 5 og 10 grader. Mandag: Byger med sol ind imellem. Tirsdag forbigående regn.

Vejrudsigten
Vind mellem sydvest og vest og byger af og til. Dagtemperaturer op til 8 grader og mulighed for let nattefrost.

Vejrudsigten
Jævn til frisk sydvestlig vind, gennemgående skyet og diset vejr, og stedvis lettere regn fortrinsvis i Nordvestjylland. Maks. temp. i dag fra 13 til 18 grader. I nat stedvis tåget vejr og minimum temp. fra 8 til 13 grader.

Vejrudsigten
Østlig og sydøstlig vind med solrigt og tørt vejr, bortset fra mulige lokale tordenbyger. Temp. op til omkring 30 grader.

7 63

Frau Berg telefoniert mit ihrem Mann. Sie ist in Stockholm auf einer Dienstreise, er zu Hause in Kopenhagen. Hören Sie sich das Gespräch an und notieren Sie anschließend in Stichworten, wie das Wetter jeweils ist.

Hvordan er vejret?

8 64

Aussprache: Die Vokale *o* und *å*

Von den folgenden Wortpaaren hören Sie von der Cassette/CD immer nur ein Wort; unterstreichen Sie das gehörte Wort.

a. Ole   åle
b. to   tå
c. måle   mole
d. måde   mode
e. gro   grå
f. sol   sål
g. floder   flåder
h. skole   skåle
i. stol   stål
j. Po   på

9 65

Aussprache: Satzbetonung

Hören Sie Folgendes von der Cassette/CD und sprechen Sie nach:

Hvordan var vejret i går?
Det var stormvejr, og det regnede.
Hva' med en tur til stranden?
Det er en god idé!
Gid det bliver godt vejr i morgen!
Bare regnen snart holder op!

Lektion 22

Anmerkungen

zu 1

Hier finden wir wieder die Passivform mit der Endung -s:

I ønskes en rigtig glædelig jul og et godt nytår!

Dies ist die übliche Art, gute Wünsche in Verbindung mit Weihnachten und Neujahr auszusprechen.

zu 3

Die Art, wie in Dänemark das Weihnachtsfest begangen wird, unterscheidet sich heute nicht wesentlich von der Art in Deutschland, da es in den letzten Jahren durch Illustrierte propagiert wurde, neue Formen des Feierns auszuprobieren. Außerdem hat jede Familie ihre eigenen Traditionen. Kennen Sie jemanden aus Dänemark, so lassen Sie sich am besten erzählen, wie diese Person Weihnachten feiert.

Einige Unterschiede zu Deutschland gibt es jedoch: Man tanzt z. B. um den Weihnachtsbaum! Dieser Brauch wird v. a. in Familien mit Kindern noch gern geübt. Der Baum steht frei im Raum, man fasst sich an den Händen und geht, Weihnachtslieder singend, um den Baum herum.

Und wundern Sie sich nicht, wenn Sie auf Abbildungen den Baum mit dänischen *Dannebrog*-Fähnchen geschmückt sehen. Dies ist eine alte Tradition und drückt heute weniger Nationalstolz aus, als dass man in Dänemark findet, zu allen festlichen Gelegenheiten gehört der *Dannebrog* – es sieht einfach festlich aus.

Bei einem traditionellen Weihnachtsessen darf *risalamande* nicht fehlen. Dies ist Milchreis mit untergerührter Schlagsahne und gehackten Mandeln, aber eine Mandel bleibt ganz. Wer diese findet, verrät es erst ganz zum Schluss und bekommt dann ein kleines Geschenk: *mandelgaven*.

Noch etwas: die *julenisser*. Dies sind Wichtelmenschen, die sich zur Weihnachtszeit hervorwagen und überall zu sehen sind – und seien sie aus Pappe, Holz oder Stroh. Viele Kinder (und auch einige Erwachsene) setzen sich in der Vorweihnachtszeit die rote Mütze (*nissehue*) der *Nisser* auf.

zu 7

Sie kennen aus Lektion 6 die Möglichkeit, jemanden höflich um etwas zu bitten:

Vil du (ikke) godt lukke vinduet?
Vil du ikke nok slukke lyset?
Vil du ikke lige skrue ned for radiatoren?

Jetzt lernen Sie noch eine weitere Möglichkeit kennen:

Gider du (ikke) godt lukke vinduet?
Gider du ikke nok slukke lyset?

Die Wörter *godt, ikke, lige, ikke godt, ikke lige*, die in diesem Zusammenhang gebraucht werden, bedeuten an und für sich nichts. Sie sollen andeuten, dass es sich nur um einen kleinen Gefallen handelt. Im Deutschen geht es mit dem Wort „bitte" etwas einfacher.

Zur Grammatik

Modalverben

Sie kennen bereits viele Verwendungsmöglichkeiten der Modalverben *kan, skal, vil, må* und *gider*. In der Regel werden sie zusammen mit dem Infinitiv (*e*-Endung) gebraucht.

vil

Die Anwendung des Modalverbs *vil* unterscheidet sich in Nummer 4 und 6 nicht vom deutschen Sprachgebrauch: *Vil* drückt den **Willen/die Absicht** aus, etwas zu tun, z. B.

> *Jeg vil gå i svømmehallen hver morgen.*

In Nummer 7 (s. auch bei den Anmerkungen) wird das Modalverb *vil* in **Bitten** verwendet, z. B. *Vil du godt kigge på det her?*

kan

Das Modalverb *kan* drückt in Nummer 5 wie im Deutschen eine **Möglichkeit** aus, z. B. *Man kan skrue lidt ned for varmen.*

In dieser Lektion wollen wir unsere Aufmerksamkeit noch einmal auf den Gebrauch von *skal* in Verbindung mit Zukünftigem lenken und außerdem besonders auf *gider* in Verbindung mit Bitten – beide Verwendungen sind für Deutsche ungewohnt und müssen deshalb immer wieder geübt werden (s. auch Anmerkungen).

Sehen Sie die Übersicht über die Verwendung der Modalverben in der Grammatikübersicht, S. 198 f.

Das Modalverb *gider*

Gider in **Bitten**:

> *Gider du give mig kartoflerne?*
> *Gider du lige hente avisen?*
> *Gider du ikke godt hjælpe mig med det her?*

Gider als **Ausdruck für Unlust** (in negativen Sätzen):

> *Jeg gider ikke gå med på indkøb.*
> *Jeg gider ikke lave lektier.*
> *Lone gider ikke gøre rent.*

Bitte beachten Sie, dass es unhöflich sein kein kann, auf eine Bitte mit *Det gider jeg ikke.* zu antworten, da es sehr direkt ist: Dazu habe ich keine Lust!

Zukünftiges

Es gibt im Dänischen 3 Möglichkeiten, Zukünftiges auszudrücken:
a. durch die Verwendung des Präsens,
b. durch die Verwendung von *skal*,
c. durch die Verwendung von *vil*.

a. Verwendung des **Präsens**
Diesen Sprachgebrauch kennen Sie aus dem Deutschen:

> *Jeg kommer snart.*
> *Susanne kører til Århus på lørdag.*
> *Ringer du i aften?*

b. Verwendung von *skal*
Mit Hilfe des Modalverbs *skal* + Infinitiv lässt sich Zukünftiges ausdrücken, wenn es sich um etwas **Geplantes** handelt. Sehen Sie folgende Beispiele:

> *Jeg skal have gæster på lørdag.*
> *Dorte skal spille tennis i morgen.*
> *Karsten skal se en film med Woody Allen i aften.*

Wenn es darum geht, wo man hin will und wenn die Fortbewegungsart keine Rolle spielt, kann das Verb ganz fortgelassen werden:

> *Jeg skal til frisør.*
> *De skal til koncert.*
> *Vi skal til stranden i morgen.*

Weil wir hier von Planungen sprechen, lässt sich diese Form eben auch für Vorschläge verwenden:

> *Skal vi ikke tage til stranden på søndag?*
> *Skal vi ikke drikke et glas vin i aften?*
> *Skal vi ikke rydde op i kælderen?*

Jetzt verstehen Sie auch, warum Versprechungen mit *skal nok* ausgedrückt werden, denn beim Versprechen geht es ja um die Zukunft:

> *Det skal jeg nok!*
> *Jeg skal nok vaske op i aften.*
> *Jeg skal nok købe ind til weekenden.*

c. Verwendung von *vil*
Diese Möglichkeit, Zukünftiges auszudrücken, wird vorwiegend bei Voraussagen verwendet:

> *Det vil sikkert regne i morgen.*
> *Toget vil være forsinket.*
> *Hun vil nok blive berømt engang.*

Zeitbestimmungen

Für **Zeiträume** verwendet man folgende Wendungen:

i julen	in den Weihnachtstagen
i en uge	eine Woche lang
i fjorten dage	14 Tage lang

Beachten Sie dagegen, dass das Deutsche „in einer Woche" in der Bedeutung von „nach einer Woche" wie folgt auf Dänisch heißt:

om en uge	in einer Woche
om fjorten dage	in 14 Tagen
om et år	in einem Jahr

Übungen

1

Ordnen Sie zu:

1. Jeg vil kun køre i bil	a. at spare endnu mere på energien.	1
2. Jeg skal have sat	b. at få tætnet døre og vinduer.	2
3. Jeg vil spare	c. mere end tyve grader i stuen.	3
4. Jeg vil prøve	d. når det er nødvendigt.	4
5. Jeg vil ikke have	e. i rindende varmt vand.	5
6. Jeg vil aldrig mere vaske op	f. endnu mere på elektriciteten.	6
7. Jeg vil lære	g. brusebad i stedet for karbad.	7
8. Jeg må sørge for	h. mere end 17 grader i soveværelset.	8
9. Jeg vil ikke have	i. at køre bil efter „sparemetoden".	9
10. Jeg vil tage	j. termostatventiler på radiatorerne.	10

2

Setzen Sie *kan, skal* und *vil* ein. Oft gibt es mehrere Möglichkeiten – je nach Situation. Wählen Sie die wahrscheinlichste:

1. _____ vi ikke gå en tur?
2. Man _____ ikke svømme her, vandet er ikke dybt nok.
3. Hvornår _____ du komme?
4. Jeg _____ gerne have en kop kaffe.
5. Hvad _____ I lave i København?
6. Du _____ ikke sove hele dagen.
7. Du _____ ikke lære dansk på tre måneder.
8. _____ du på arbejde i morgen?
9. _____ du låne mig 500 kr.?
10. Jeg _____ lære dansk!

3

Schreiben Sie eine Weihnachtskarte an Freunde. Erwähnen Sie auch, was Sie Weihnachten machen werden.

4

Folgendes soll höflicher ausgedrückt werden – verwenden Sie dabei *gider*:

1. Giv mig lidt mere kaffe!

   _____

2. Sluk lyset!

   _____

3. Giv mig sovsen!

   _____

4. Gå tur med hunden!

   _____

5. Hent mine nøgler!

   _____

6. Ræk mig telefonbogen!

   _____

7. Find telefonnummeret for mig!

   _____

8. Tænd for fjernsynet!

   _____

5

Welche Entgegnung ist richtig, da angemessen? Es sind mehrere Antworten möglich, kreuzen Sie an:

1. Gider du lige hente avisen til mig?
   - ❏ a. Ja, det skal jeg nok.
   - ❏ b. Nej, det gider jeg ikke!
   - ❏ c. Ja, lige et øjeblik!

2. Vil du ikke lige åbne vinduet?
   - ❏ a. Jo, det skal jeg nok!
   - ❏ b. Nej, det gider jeg ikke!
   - ❏ c. Jeg synes, det bliver for koldt med åbent vindue.

3. Gider du række mig kartoflerne?
   - ❏ a. Ja, værsgo!
   - ❏ b. Ja tak!
   - ❏ c. Det gider jeg ikke.

4. Gider du lige give mig sovsen?
   - ❏ a. Nej!
   - ❏ b. Ja, værsgo!
   - ❏ c. Værsgo!

5. Vil du godt give mig saltet?
   - ❏ a. Nej, det gider jeg ikke.
   - ❏ b. Ja, det gider jeg!
   - ❏ c. Ja, værsgo!

6. Vil du ikke ringe til Ole?
   - ❏ a. Jo, det skal jeg nok!
   - ❏ b. Jeg har ikke tid nu, men i aften skal jeg nok gøre det.
   - ❏ c. Nej, det gider jeg ikke rigtig. Han er altid så sur.

6

Sie erzählen, was Sie am Sonntag geplant haben. Tragen Sie jeweils zwei Aktivitäten ein und denken Sie daran, immer *skal* zu verwenden:

Om formiddagen skal jeg ...
Om eftermiddagen ...
Om aftenen ...

7 🔊 **66**

Ein Ehepaar, Karin und Bent, sitzt beim Frühstück. Kreuzen Sie nach dem Anhören des Gesprächs an, was jeweils gesagt wird, und benutzen Sie die Pausentaste, falls nötig:

1. Bent skal lukke vinduet. Karin siger:
   - ❏ a. Luk vinduet!
   - ❏ b. Gider du ikke lige lukke vinduet?

2. Karin skal ringe til et rejsebureau. Bent siger:
   - ❏ a. Vil du ikke ringe til rejsebureauet i dag?
   - ❏ b. Gider du ringe til rejsebureauet i dag?

3. Bent skal give marmeladen til Karin. Hun siger:
   - ❏ a. Giv mig lige marmeladen.
   - ❏ b. Gider du lige give mig marmeladen?

4. Bent skal komme hjem allerede klokken fem. Karin siger:
   - ❏ a. Vil du ikke nok komme hjem allerede klokken fem?
   - ❏ b. Kan du ikke komme hjem allerede klokken fem?

5. Karin skal rydde op i køkkenet. Bent siger:
   - ❏ a. Det er vist din tur til at rydde op.
   - ❏ b. Vil du ikke rydde op?

6. Karin skal hente avisen til Bent. Han siger:
❏ a. Giv mig lige avisen.
❏ b. Gider du ikke lige give mig avisen?

8 67
Aussprache: Der Vokal *o*

Hören Sie die Wortpaare von der Cassette/CD und kreuzen Sie an, ob der *o*-Laut gleich oder nicht gleich ist.

		gleich	nicht gleich
ord	stor	❏	❏
godt	kop	❏	❏
nogen	noget	❏	❏
bord	sover	❏	❏
hos	kone	❏	❏
op	skole	❏	❏
blomster	koster	❏	❏

9 68
Aussprache: Satzbetonung

Hören Sie Folgendes von der Cassette/CD und sprechen Sie nach:

Glædelig jul og godt nytår!
Tak i lige måde!
Vil du godt åbne et vindue?
Vil du godt række mig sovsen!
Gider du lige slukke for radioen?
Gider du ikke lave en kop kaffe til os?

Lektion 23

Anmerkungen

zu 8

Folketinget ist das dänische Parlament. Es hält seine Sitzungen ab in *Christiansborg*, einem Schloss, dessen Geschichte sich bis ins 12. Jahrhundert zurückverfolgen lässt.

Berichtet man darüber, dass man einen Kursus oder Vereinsabend besucht, sagt man bekanntlich:

*Jeg går **til gymnastik**.*
*Jeg går **til fodbold**.*
*Jeg går **til tysk**.*

Gute Wünsche

Wünscht man jemandem „Frohe Ostern" oder „Frohe Pfingsten", sagt man:

God påske!	Reaktion:	*Tak i lige måde!*
God pinse!		*Tak i lige måde!*

Sie kennen bereits:

God tur!	*Tak i lige måde!*
God ferie!	*Tak i lige måde!*
God fornøjelse!	*Tak i lige måde!*
God jul!	*Tak i lige måde!*
Glædelig jul og godt nytår!	*Tak i lige måde!*

zu 9

Mødes gehört in die gleiche Gruppe von Verben wie *ses* und *synes*, die Sie in Lektion 7 kennengelernt haben:

Vi kan mødes hos mig.
Skal vi ikke mødes foran biografen?
Min veninde og jeg mødes én gang om måneden.

Zur Grammatik

Bestätigungen in Kurzform

Bei Vollverben:

*Jeg **spiller** badminton.*
*Jeg **gider** ikke samle på frimærker.*
*Jeg **interesserer** mig for musik.*

Präsens
*Det **gør** jeg også.*
*Det **gør** jeg heller ikke.*
*Det **gør** jeg også.*

*Jeg **spillede** tennis i aftes.*
*Jeg **gad** ikke gå til gymnastik i går.*
*Jeg **kiggede** fodbold i går.*

Imperfekt
*Det **gjorde** jeg også.*
*Det **gjorde** jeg heller ikke.*
*Det **gjorde** jeg også.*

Bei Hilfs-, Modal- oder zusammengesetzten Verben greift man das Verb aus der Aussage auf:

*Jeg **er** træt nu.*
*Jeg **var** i biografen i går.*

*Det **er** jeg også.*
*Det **var** jeg også.*

*Jeg **har** ikke set fjernsyn i lang tid.* *Det **har** jeg heller ikke.*
*Jeg **kan** ikke synge.* *Det **kan** jeg heller ikke.*
*Jeg **skal** til dansk* *Det **skal** jeg også.*
*Jeg **vil** gerne ha' en øl.* *Det **vil** jeg også.*
*Du **må** hilse hjemme.* *Ja tak, det **må** du også.*

Relativpronomen

Zwei Sätze lassen sich durch Relativpronomen wie *som* und *der* zu einem Satz verbinden. Sehen Sie in den Beipielen, wie das geht:

*Jeg kender en **pige**. **Hun** bor i Randers.* (*Hun* ist im 2. Satz Subjekt)
*Jeg kender en **pige**, **som** bor i Randers.* (*som* ersetzt das **Subjekt**)
*Jeg kender en **pige**, **der** bor i Randers.* (*der* ersetzt das **Subjekt**)

Es ist hier gleich, ob *som* oder *der* eingesetzt wird.

Anders verhält es sich, wenn das **Relativpronomen** im Nebensatz nicht das Subjekt, sondern das **Objekt** ersetzt:

*De bor i en ejerlejlighed. **De** købte den sidste år.* (*De* ist im 2. Satz Subjekt)
*De bor i en ejerlejlighed, som **de** købte sidste år.* (*som* ersetzt das **Objekt**, das Subjekt bleibt)
*De bor i en ejerlejlighed, (som) **de** købte sidste år.*

Das Relativpronomen *som* kann ganz fortgelassen werden, ohne dass der Sinn des Satzes sich ändert. Dagegen lässt *som* sich in diesem Fall – wenn der Nebensatz ein eigenes Subjekt hat – nicht durch *der* austauschen.

Sehen Sie sich noch folgende Beispiele an:

*Jeg snakker aldrig med **dem**. **De** bor ved siden af.*
*Jeg snakker aldrig med **dem**, **som** bor ved siden af.*
*Jeg snakker aldrig med **dem**, **der** bor ved siden af.*

*Her har du en bog. **Jeg** har købt den til dig.*
*Her har du en bog, som **jeg** har købt til dig.*
*Her har du en bog, **jeg** har købt til dig.*

Zeitbestimmungen

Es gibt folgende Möglichkeiten, um die Häufigkeit von Geschehnissen auszudrücken:

*Jeg spiller tennis **to gange om ugen**.*
*Lone ser fjernsyn **hver aften**.*
*Vi holder **hvert år** ferie i Danmark.*
*Der kommer en bus **hvert femte minut**.*

Übungen

1

Lesen Sie den Text *Et brev fra Birthe* noch einmal. Ordnen Sie anschließend zu:

1. Erik havde	a. et fotografiapparat i julegave.	1	
2. Hans er begyndt	b. om de politiske partier i Folketinget.	2	
3. Vi gav ham	c. vi kender.	3	
4. Vi går begge to	d. for politik.	4	
5. Der kommer mange,	e. influenza i januar.	5	
6. Vi mødes om søndagen	f. og jogger.	6	
7. Om tirsdagen går vi	g. at fotografere.	7	
8. Der er et foredrag	h. til politik.	8	
9. Vi interesserer os meget	i. til at hygge sig foran fjernsynet.	9	
10. Der er ikke meget tid	j. til gymnastik om mandagen.	10	

2

Schreiben Sie nach folgendem Muster:

Det her er en dejlig bog.

Jeg kunne godt tænke mig at læse den.

Der er en god film i tv.

Jeg kunne godt tænke mig at se den.

1. Der er en jazzkoncert i radioen.
2. Lene er en sød pige.
3. Der er en rockkoncert på torvet.
4. Lone er en interessant kvinde.
5. Det er en fantastisk god cd.
6. Der er en god fodboldkamp i aften.
7. Der er en gave til dig ude i entréen.
8. Det er en vældig god film.
9. Det er en virkelig god restaurant.
10. Han er en meget spændende politiker.

3

Stimmen Sie nach folgendem Muster zu:

Jeg **spiller** badminton.
– *Det gør jeg også.*
Jeg **kan** godt li' at synge.
– *Det kan jeg også.*
Jeg **kan ikke** li' at lytte til operamusik.
– *Det kan jeg heller ikke.*

1. Jeg interesserer mig for sport.
2. Jeg går til håndbold én gang om ugen.
3. Jeg har ikke lyst til at ligge og blive grillet på stranden.
4. Jeg kan ikke fordrage at se på dias af venners ferierejser.
5. Jeg er ikke så god til at spille skak.
6. Jeg kan ikke fordrage at spise morgenmad på sengen.
7. Jeg interesserer mig meget for litteratur.
8. Jeg kan ikke så godt li' at cykle.
9. Jeg går til dansk to gange om ugen.
10. Jeg kan godt li' at tage ud på landet.
11. Jeg plejer at se fjernsyn hele aftenen.
12. Jeg har ikke lyst til at besøge mine svigerforældre.

4

Verbinden Sie die unten stehenden Sätze zu einem Satz nach folgendem Muster:

Hun har en lille hund. Den er 3 år gammel.
Hun har en lille hund, som er 3 år gammel.

Jeg snakker altid med folk.
Jeg møder dem ved kiosken.
Jeg snakker altid med folk, (som) jeg møder ved kiosken.

1. Inger Marie kender en mand. Han har boet på Grønland.
2. Svend går til et kursus. Det hedder „Sy din egen kjole“!
3. Anne har købt en computer. Hun er meget glad for den.
4. De går i biografen for at se en film. Den handler om H.C. Andersens liv.
5. Derovre går Vibeke. Jeg kender hende fra danskkurset.
6. Vil du se min nye cykel? Jeg har fået den af Stine.
7. Lad os besøge min mormor. Hun er 75 år.
8. Har du set min nye bil? Jeg fik den i går.

5

Setzen Sie *som* oder *der* ein. Wo es möglich ist, lassen Sie das Pronomen fort:

1. Jeg kender en mand, _____ kan hjælpe.
2. Har du husket den bog, _____ du ville give mig?
3. Børnene kan ikke altid lide den mad, _____ jeg laver.
4. Min hobby, _____ jeg har haft i mange år, er ikke særlig dyr.
5. Hun fik det fotografiapparat i julegave, _____ hun længe havde ønsket sig.

6. Hun har en datter, _____ blev færdig med skolen sidste år.
7. Ole har en kone, _____ arbejder på rådhuset.
8. De voksne kan tit ikke lide den musik, _____ de unge elsker.
9. Hun laver kun mad, _____ han kan lide.
10. Vinen, _____ de havde bestilt, var sur.

6

Bilden Sie Sätze nach folgendem Muster:

Har du en god bog, ... *som jeg kan låne?*
1. Kender du nogen, ...
2. Kirsten kender en mand, ...
3. Stine har købt et telt, ...
4. Har du fundet nøglen, ...
5. Ole går til slagteren, ...
6. Min bror har en datter, ...
7. Han har en hobby, ...
8. De har en bil, ...

7

Setzen Sie Folgendes ein:

fra – på (2x) – *til* (2x) – *om* (2x) – *i* (4x) – *med* (2x)

1. Vi har ikke hørt _____ hinanden _____ lang tid. - 2. Vi har travlt _____ at arbejde _____ haven. - 3. Jeg plejer at sejle _____ sommeren. - 4. Jeg har ikke tid _____ at gå _____ biografen _____ dig. - 5. Hun hilser _____ alle hans venner. - 6. Lad os give ham et ur _____ julegave. - 7. Det er et kursus _____ de politiske partier i Danmark. - 8. Vi går _____ gymnastik. - 9. Vi drikker en øl _____ kroen.

8

Setzen Sie die Dialogteile in die richtige Reihenfolge:

– Nej, den gider jeg ikke se.
– Dav, Søren!
– Hvornår skal vi mødes?
– Åh, jeg ved ikke rigtig, den er for gammel. Jeg har mere lyst til at se „Frøken Smillas fornemmelse for sne".
– Hvad med „Quo vadis"?
– Dav, Charlotte!
– Jeg henter dig halv otte. Farvel så længe!
– Vil du med i biografen?
– Hej!
– Jamen, det er helt i orden.
– Ja, det vil jeg gerne.
– Nå, hvorfor ikke det?
– Hvad skal vi se?

9

Hören Sie sich das Interview über Freizeitbeschäftigungen an. Tragen Sie dann die Hobbys in das Schema ein:

navn	hobby	hvor mange gange om ugen	hvornår
Lisbeth			
Thomas			
Bo			

10

Aussprache: Der Vokal *u*

Hier befindet sich in jeder Zeile ein Wort, das in der Aussprache des Vokals *u* von den anderen abweicht. Probieren Sie einmal, ob Sie es auch ohne Hilfe der Cassette/CD finden können. Sie sprechen die Wörter laut und unterstreichen das abweichende Wort. Dann überprüfen Sie sich selbst mit Hilfe der Cassette/CD.

a.	ur	stue	du	nummer	bluse
b.	hus	tur	husk	bruge	rund
c.	mur	ung	bus	musik	sur
d.	bus	gulv	endnu	kurvand	kuglepen

11

Aussprache: Satzbetonung

Hören Sie Folgendes von der Cassette/CD und sprechen Sie nach:

God påske!
Tak i lige måde!
Jeg interesserer mig for litteratur!
Jeg interesserer mig ikke for sport.
Jeg gider ikke læse tegneserier.
Jeg kan ikke fordrage at se ballet i fjernsynet.

Anmerkungen

zu 1
Verkehrsmittel

Fähren sind in Dänemark auf Grund der geographischen Gegebenheiten sehr wichtige Transportmittel. Dagegen spielt die U-Bahn so gut wie keine Rolle.
Da Autos auf Grund der hohen Besteuerung in Dänemark teuer sind, haben öffentliche Transportmittel in Dänemark einen höheren Stellenwert als in Deutschland. Man spricht in Dänemark von *kollektiv trafik*.

at tage

Denken Sie daran, dass das Verb *tage* neben der Grundbedeutung „nehmen" ebenfalls „fahren" bedeuten kann. Es tritt in vielen Zusammenhängen auf, z. B.

tage på arbejde	zur Arbeit fahren
tage på ferie	in Urlaub fahren
tage til Danmark	nach Dänemark fahren

zu 3 und 4

Rådhuspladsen ist ein Eigenname und wird deshalb groß geschrieben. Ebenso verhält es sich mit *Hovedbanegården*.

Zur Grammatik

Ortsadverbien

Wie bereits in Lektion 9 erwähnt, haben die Ortsadverbien zwei Formen:
a. Die Grundform ohne Endung zeigt eine Bewegung oder Richtung an, z. B.

Han går hjem.	Er geht nach Hause. (Richtung: wohin?)
Han går ind i huset.	Er geht hinein ins Haus. (Richtung: wohin?)

b. Die **e**-Form bezeichnet einen Ort oder Ruhezustand, z. B.

Han er hjemme.	Er ist zu Hause. (Ort: wo?)
Han er inde i huset.	Er ist drinnen im Haus. (Ort: wo?)

a. Richtung		**b**. Ort	
hen	hin	*henne*	
hjem	nach Hause	*hjemme*	zu Hause
ind	herein/hinein	*inde*	(dr)innen
ned	herunter/hinunter	*nede*	unten
op	herauf/hinauf	*oppe*	oben
ud	heraus/hinaus	*ude*	(dr)außen
over	herüber/hinüber	*ovre*	drüben

Henne kommt im Dänischen häufig vor, lässt sich aber nicht übersetzen:

Hvor er du henne? — Wo bist du?

Lene er henne hos sin veninde. — Lene ist bei ihrer Freundin.

Übungen

1

Bilden Sie Sätze nach folgendem Muster:

en slagter

En slagter er en mand, som sælger kød.

en is

En is er noget, (som) man kan spise.

1. en apoteker
2. en arkitekt
3. en snaps
4. en bager
5. en købmand
6. en kage
7. en øl
8. en cykel

2

Setzen Sie *som, der* oder gar nichts ein:

1. Båden, _____ han købte, kostede mange penge.
2. Bilen, _____ kørte over krydset ved rødt, blev skrevet op af politiet.
3. Forurening er et problem, _____ vi alle må tænke over.
4. De kvinder, _____ demonstrerer i dag, hedder „rødstrømper" i Danmark.
5. Han er et menneske, _____ er venlig mod alle.
6. Hvad mener du om det, _____ hun sagde.
7. Der sad allerede nogle på de pladser, _____ de havde bestilt.
8. Han købte altid ting, _____ han ikke kunne bruge.
9. Filmen, _____ var fra 1932, var ikke særlig spændende.
10. Hun købte den bil, _____ hun længe havde ønsket sig.

forurening – Umweltverschmutzung

3

Setzen Sie *hen(-ne), hjem(-me), ind(-e), ned(-e), op(-pe), ud(-e)* ein:

1. Er du _____ i aften?
2. Gå _____ på dit værelse.
3. Går du med _____ i haven?
4. Børnene leger _____ på gaden.
5. Skal I allerede _____?
6. Vi holder altid ferie _____ i Danmark.
7. Hvor er du _____?
8. Går du med _____ på værtshuset?
9. Fald nu ikke _____ ad trappen.
10. Gå langsomt _____ ad trappen!
11. Hun er altid _____ på den her tid.

4

Stellen Sie Fragen zu den gegebenen Antworten. Verwenden Sie die Fragewörter *hvornår*, *hvor længe* und *hvor tit*:

Hvornår kommer du?   – Jeg kommer i aften kl. 5.
Hvor længe bliver du?   – Jeg bliver her til på lørdag.

1. _____   – Jeg var på Mallorca i to uger.
2. _____   – Jeg skal hjem om tre timer.
3. _____   – Jeg tager ud til sommerhuset næste weekend.
4. _____   – Preben kommer på besøg hver lørdag.
5. _____   – Jeg har lært dansk i tre år.
6. _____   – Jeg køber ind to gange om ugen.
7. _____   – Jeg kommer hjem kl. 6.
8. _____   – Bussen kører hvert femte minut.
9. _____   – Jeg var i USA i et halvt år.
10. _____   – Jeg har fødselsdag i maj.

5

Schreiben Sie nach folgendem Muster:
Hvordan kom Lene hjem? (bil)   *– Hun kørte hjem i bil.*
Og Ole? (S-tog)   *– Han tog med S-tog.*

1. Og Hanne? (bus)   4. Og Kirsten? (knallert)   7. Og Erik? (S-tog)
2. Og Rigmor? (cykel)   5. Og Lise? (bil)   8. Og du selv?
3. Og Svend? (motorcykel)   6. Og Arne? (færge)

6

Ordnen Sie zu:

1. Hvordan kommer vi derhen?	a. I den store bygning på hjørnet.	1
2. Hvor bor du henne?	b. Bussen kører om et kvarter.	2
3. Hvad er det for en bygning?	c. Hvert femte minut.	3
4. Jeg skal til Radiohuset.	d. Vi kan tage S-toget.	4
5. Hvor tit kører bussen?	e. Du kan tage linie 2.	5
6. Hvor kan jeg købe en is?	f. Det er svømmehallen.	6
7. Skal jeg skifte?	g. Den kører til stationen.	7
8. Hvordan kommer du på arbejde?	h. Ja, vi er på stationen om fem	8
9. Har du en motorcykel?	minutter.	9
10. Ved du, hvor bussen derovre kører hen?	i. Ovre i supermarkedet.	10
11. Hvornår kører bussen?	j. Nej, men jeg har en knallert.	11
12. Tror du, vi når toget?	k. Ja, du skal skifte i Fredericia.	12
	l. Jeg tager med S-tog.	

7 🎧 72

Herbert Kienzle aus Stuttgart verbringt ein paar Tage in Kopenhagen. Nach einem Spaziergang durch die Stadt ist er müde und will mit dem Bus zurück zum Hotel. Er wendet sich an eine Passantin. Hören Sie sich das Gespräch an und entscheiden Sie, ob die folgenden Aussagen richtig oder falsch sind:

	rigtigt	forkert
1. Der er et busstoppested foran supermarkedet.	❏	❏
2. Herbert K. ved ikke, hvad linie han skal tage.	❏	❏
3. 2'eren kører fra busstoppestedet foran supermarkedet.	❏	❏
4. Herbert K. skal gå rundt om hjørnet.	❏	❏
5. Han skal først tage linie 2.	❏	❏
6. På Rådhuspladsen skal han skifte til linie 6.	❏	❏
7. 2'eren er forsinket.	❏	❏

8 🎧 73

Aussprache: Der Vokal *y*

Hören Sie die Wörter von der Cassette/CD und kreuzen Sie die Wörter dann je nach Aussprache des *y* in den Spalten an. (Benutzen Sie die Pausentaste, falls nötig.)

	y wie deutsches *ü*	*y* eher wie deutsches *ö*
sy	❏	❏
tyve	❏	❏
sytten	❏	❏
fyrre	❏	❏
by	❏	❏
cykel	❏	❏
tysk	❏	❏
stykke	❏	❏
(jeg) synes	❏	❏
fly	❏	❏
tillykke	❏	❏
begynde	❏	❏

Sie hören die Wörter jetzt spaltenweise und können so Ihre Antworten überprüfen.

9 🎧 74

Aussprache: Satzbetonung

Hören Sie Folgendes von der Cassette/CD und sprechen Sie nach:

Jeg vil gerne ha' en taxa til Rådhuspladsen.
Må jeg be' om en kvittering?
Kan jeg tage linie 12?
Skal jeg skifte?
Hvor holder linie 2 henne?
Hvad tid afgår det næste tog til Hamborg?

Anmerkungen

zu 1

Viele Berufsbezeichnungen sind im Dänischen geschlechtsneutral. Bei den hier aufgeführten Berufen lässt sich nicht ersehen, ob es sich um Frauen oder Männer handelt. Beim *hjemmehjælper* handelt es sich um eine Haushaltshilfe, die von der *Kommune*, also von der öffentlichen Hand, angestellt ist und alten und/oder kranken Menschen bei den praktischen Dingen im Haushalt hilft.

Wir können hier nicht alle Berufsbezeichnungen aufführen, es reicht zuerst ja auch, wenn man den eigenen Beruf angeben oder beschreiben kann. In Deutschland nennen sich viele Frauen „Hausfrau". Die dänische Entsprechung wäre *husmor*. Diese Bezeichnung spielt aber kaum noch eine Rolle, da in Dänemark ca. 85% der Frauen berufstätig (davon ca. 20% arbeitslos) sind. Es wird eher gesagt:

> *Jeg er hjemmegående.*
> (Ich arbeite zu Hause.)

zu 2

Da Berufsfelder trotz ähnlicher Bezeichnung nicht immer von einem Land zum anderen identisch sind, nützen Berufsbezeichnungen oft wenig. Es ist daher angebracht, vorrangig das Beschreiben von den mit dem Beruf verbundenen Tätigkeiten und Aufgabenfeldern zu lernen.

Wenn man ganz allgemein spricht, kann man den unbestimmten Artikel fortlassen und sagen: Jeg arbejder **på fabrik**. / Jeg arbejder **på kontor**.

zu 5

Jens Larsen: In Dänemark kauft ein Landwirt oft aus steuerlichen Gründen den väterlichen Betrieb bei der Übernahme.

Überhaupt Steuern! Sicherlich haben auch Sie schon oft gehört, dass die Dänen sehr hohe Steuern zahlen müssen. Dazu muss jedoch erwähnt werden, dass in Dänemark nur Steuern gezahlt werden, nicht aber Sozial- oder Krankenversicherungsabgaben, da diese schon in den Steuern enthalten sind, so dass ein dänischer Arbeitnehmer in der Regel insgesamt nicht mehr Steuern und Abgaben zahlt als ein Deutscher.

Zur Grammatik

Die Konjunktion *hvis*

Muss für ein weiteres Geschehen eine äußere Voraussetzung erfüllt sein, wird der Bedingungssatz eingeleitet mit *hvis* (wenn/in dem Fall, dass/falls), z. B.

> *Vi tager ud på en lille cykeltur, hvis jeg ikke skal på arbejde.*
> *Hvis det ikke regner, kan vi spise ude i haven.*
> *Vi kan invitere nogle venner til at grille, hvis det er godt vejr på søndag.*

hvis oder *når*

Es gibt noch ein anderes dänisches Wort, das in der deutschen Übersetzung „wenn" lautet, nämlich *når*. Dies wird jedoch nur in einer zeitlichen Abfolge verwendet und nicht als Bedingung. Sehen Sie die Beispiele:

Vi kan rydde op sammen, når jeg kommer hjem fra arbejde.
Jeg håber, du er der, når jeg kommer hjem.
Når vi er færdige her, går vi en tur.

Übungen

1

Lesen Sie die Texte über Jens Larsen und Vibeke Olsen und ordnen Sie dann zu:

1	
2	
3	
4	
5	
6	
7	
8	
9	
10	

1. Jeg er landmand
2. Jeg nyder at være ude i marken,
3. Jeg har en lang arbejdsdag
4. Jeg har ikke været på ferie,
5. Jeg betaler temmelig meget
6. Jeg er hjemmegående husmor,
7. Jeg har en stilling
8. Jeg kunne ikke tænke mig,
9. Jeg henter børnene,
10. Jeg føler ofte,

a. siden jeg købte gården af min far.
b. som kontorassistent.
c. i skat.
d. når jeg er færdig på kontoret.
e. og har min egen gård.
f. at gå hjemme hele dagen.
g. og starter tidligt om morgenen.
h. at det bliver for hårdt for mig at klare alt.
i. for jeg kan godt lide at arbejde i frisk luft.
j. men har også et deltidsarbejde.

2

Ordnen Sie nun die Aussagen zu den Texten über Else Staunsbjerg und Carl Holm einander zu:

1	
2	
3	
4	
5	
6	
7	
8	
9	
10	

1. Jeg arbejder
2. Jeg er tilfreds med mit arbejde,
3. Jeg er træt om aftenen,
4. Jeg synes ofte,
5. Jeg er allerede begyndt
6. Jeg arbejder på en fiskemelsfabrik,
7. Jeg er medlem
8. Det ville være forkert
9. Jeg er bange for,
10. Min bror har nu været

a. at det er et trist job.
b. at strejke nu.
c. da jeg kan lide at være sammen med andre mennesker.
d. at vores fabrik bliver nødt til at lukke.
e. som salgsassistent i et stormagasin.
f. arbejdsløs i halvandet år.
g. at gå til tysk og engelsk.
h. fordi der er så meget støj og så dårlig luft.
i. af en fagforening.
j. hvor arbejdet ikke er særlig interessant.

3

Setzen Sie die folgenden Wörter ein:

time – fri – job – fagforening – sprog – skat – færdig – larm og støj – strejke – stilling

1. Om lørdagen har jeg _____ .
2. Jeg arbejder otte _____ om dagen. 3. Hun taler mange _____ .
4. Kun én i firmaet er ikke medlem af en _____ . 5. Karen har været arbejdsløs i flere måneder og søger et nyt _____ . 6. Er du _____ med arbejdet? 7. Hvor meget betaler du i _____ ? 8. Han er udsat for temmelig meget _____ på sin arbejdsplads. 9. Hvorfor _____ havnearbejderne? 10. Jeg har en _____ som kontorassistent.

4

Setzen Sie die folgenden Wörter ein:

på – med (2x) – om – i (2x) – ved (2x) – som (2x) – efter – før

Jeg arbejder _____ elektriker i et stort firma. Jeg er tilfreds _____ mit arbejde, men _____ aftenen er jeg altid meget

træt. Min kone har en stilling _____ børnehavelærer, hun kan lide at være sammen _____ børn. Vi kører _____ arbejde sammen, mit firma ligger næsten lige _____ siden af hendes børnehave. Jeg er hjemme en time _____ min kone og er færdig med det daglige arbejde _____ huset, når hun kommer. _____ middagsmaden ser vi fjernsyn. _____ ti-tiden går vi _____ seng.

5

Finden Sie so viele Wörter wie möglich (nur waagerecht gelesen), die mit dem Begriff „Arbeit" zu tun haben:

ILARBEJDEOPSTILLINGERHVERVS
LURKONTORSVIRKSOMHEDVARLØNN
JOBTEFABRIKMURFLEKSTIDOLAVE
MERSKATPOLUDDANNELSESTJENES
OPDELTIDSJOBLISKIFTEHOLDERN
RECHEFTOANSATDENSELVSTÆNDIG
URTEFORRETNINGERFIRMAKFERIE
VASEKOLLEGALURFERIEORDNINGS
SENARBEJDSPLADSEARBEJDSLØSE
KARKANTINENFAGFORENINGRMARS
SEBØRNEHAVELSTREJKERPROBLEM
REPARATIONERTADMINISTRATION

Schreiben Sie sich anschließend die Wörter mit ihrer deutschen Übersetzung auf.

6

Ordnen Sie zu:

1. Hvis du køber bilen,	a. bliver vi hjemme.
2. Hvis du låner mig 2000 kr.,	b. kan vi gå i biografen.
3. Hvis det regner,	c. kan jeg købe mig en frakke.
4. Hvis du ikke kommer så sent hjem,	d. flyver de til Mallorca.
5. Hvis solen skinner,	e. kan du køre på arbejde i den.
6. Hvis han får ferie,	f. lader vi bilen stå.
7. Hvis det sner,	g. tager vi til stranden.

1	
2	
3	
4	
5	
6	
7	

7

Sie befahren mit Ihrem Segelboot den Limfjord (Jütland).

Aufgrund eines Mastschadens suchen Sie einen Hafen mit einer kleinen Bootswerft o. Ä. Sie haben sich überlegt, dass Sie sich während der Reparatur ein Fahrrad mieten und außerdem an Land essen gehen könnten.

Welche der aufgeführten Häfen kämen für Sie in Frage?

Til søs på Limfjorden

Lemvig. Lystbådehavn i vestre havn samt marina ved campingplads og feriecenter på Vinkelhage. Drikkevand. Bådebygger. Ophalerbedding. 5-tons kran. Proviantering. Toilet og baderum. Benzin og olie. Hoteller og restauranter. Vanddybde marina 2-3 m, havn 4 m. Vestre Havn: 10 liggepladser. Vinkelhage: 180 liggepladser.

Livø. Lille havn med plads til ca. 20 både, ved ydermole plads til 10 både. Proviantering. Drikkevand. Toilet. Mulighed for brusebad. Vanddybde ca. 3 m.

Løgstør. Lystbådehavne i fiskerihavnen og i kanalhavnen. Klubhus. Drikkevand. Toilet og baderum. Bådebygger. Jollebedding. Motorreparatør. Proviantering. Hoteller og restauranter. Benzin og olie. Udlejning af cykler og vandcykler. Vanddybde 4 m. 150 liggepladser.

Nibe. Afmærket indsejling. Drikkevand. Toilet. Ophalerbedding. Proviantering. Benzin og olie. Hoteller og restauranter. Vanddybde 2,5 m.

Nyhavn. Anløbsbro. Vand.

Nykøbing Mors. Lystbådehavn. Klubhus. Drikkevand. El. Opholdsrum med toiletter og bad i servicecentret og i sejlklubben. Bådebygger. Ophalerbedding. Bådudlejning. Motorreparatør. Proviantering. Hoteller og restauranter. Benzin og olie. Cykeludlejning. Fiskestænger udlejes. Vanddybde 4 m.

Nr. Uttrup. Privat havn. Dybde ca. 1,5 m. 80 liggepladser. Toilet, vand og el. 1 km. til butikker og bus.

Nørresundby. Nordre bådehavn er beliggende umiddelbart vest for Limfjordsbroen. Klubhus med toilet. Drikkevand. Ophalerbedding. Motorreparatør. Proviantering. Benzin og olie. Hoteller og restauranter. Vanddybde 1 - 1,5 m. Ca. 80 liggepladser.

Oddesund. Kombineret fiskeri- og lystbådehavn. Benzin og olie. Kiosk. Toilet. Kro. Vanddybde 1,5 m.

Rønbjerg. Lystbådehavn. Drikkevand. Toilet. Cafeteria. Proviantering. Bådebygger. Ophalerbedding. Olie. Kran. Telefon. Vanddybde 3 m. 15 liggepladser.

Sillerslev. Havn. Vand. Toilet. Bad. Vaskemaskine. Drikkevand. El. Telefon. Kiosk. Købmand. Vanddybde 2,5 m.

Skarrehage Bro. Broen tilhører molerværket.

8 **75**

Eva erzählt von ihrem Beruf. Beantworten Sie die Fragen:

1. Hvordan kommer Eva på arbejde?
2. Hvad laver hun på sit arbejde?
3. Hvor har hun været på forretningsrejse?
4. Hvilke sprog hørte med til hendes uddannelse?
5. Hvad siger hun om sine kolleger og sin chef?
6. Hvad stilling har hun?

9 **76**

Aussprache: Die Vokale *y* und *ø*

Von den folgenden Wortpaaren hören Sie von der Cassette/CD immer nur ein Wort; unterstreichen Sie das gehörte Wort.

a. fyre	fyrre
b. kyle	køle
c. syg	søg
d. lyve	løve
e. flyde	fløde
f. byge	bøge
g. sy	sø
h. myte	mødte
i. stygge	stykke
j. tyve	tøve

10 **77**

Aussprache: Satzbetonung

Hören Sie Folgendes von der Cassette/CD und sprechen Sie nach:

Hvad laver du?
Jeg arbejder som kontorassistent.
Jeg har et deltidsjob i en stor virksomhed.
Lønnen er rimelig, synes jeg.
Jeg har ikke nogen uddannelse.
Jeg har været arbejdsløs i flere måneder.

Lektion 26

Anmerkungen

zu 3

Bo Bojesen ist ein bekannter und beliebter Zeichner, der u. a. viele Jahre lang für die dänische Tageszeitung *Politiken* Karikaturen zeichnete, in denen er sich ironisch mit Tagesmeldungen auseinandersetzte.

zu 4

Das Lied *Jeg har en far og en mor* ist von mehreren Interpreten gesungen worden. Es gibt in Dänemark eine eigene Kultur mit modernen Liedern für Kinder und Jugendliche, welche die Lebensbedingungen dieser Gruppe widerspiegelt.

zu 5
smørrebrød

Es gibt in Dänemark Läden und Restaurants (aber leider immer weniger), die ausschließlich *smørrebrød* führen. In einem solchen Laden versuchte die Grönländerin, Arbeit zu bekommen. Die Anfertigung hoch belegter Brote (*smørrebrød*) ist ein Handwerk, das von gelernten *smørrebrøds-jomfruer* ausgeübt wird.

Grønland

Seit ca. 200 Jahren gehört Grönland zu Dänemark, seit 1979 bildet es mit Dänemark eine „Reichsgemeinschaft" (*rigsfæl-lesskab*). Diese garantiert Grönland eine weitreichende Autonomie mit einem eigenen Parlament, *Landstinget* genannt. Die Grönländer als dänische Staatsbürger bleiben aber weiterhin von Dänemark in der Außen- und Verteidigungspolitik sowie im Justiz- und Valutawesen abhängig.

Nationalitäten

Ähnlich wie viele Berufsbezeichnungen sind auch die Nationalitätsbezeichnungen geschlechtsneutral, z. B.

> *Hun/Han er fra Grønland.*
> > *Hun/Han er grønlænder.*
> *Hun/Han er fra England.*
> > *Hun/Han er englænder.*
> *Hun/Han er fra Danmark.*
> > *Hun/Han er dansker.*
> *Hun/Han er fra Schweiz.*
> > *Hun/Han er schweizer.*
> *Hun/Han er fra Østrig.*
> > *Hun/Han er østriger.*
> *Hun/Han er fra Tyskland.*
> > *Hun/Han er tysker.*
> *Hun/Han er fra Norge.*
> > *Hun/Han er nordmand.*
> *Hun/Han er fra Frankrig.*
> > *Hun/Han er franskmand.*

Zur Grammatik

Die Stellung der Adverbien in Haupt- und Nebensätzen

Sehen Sie sich die folgende schematische Darstellung an. Sie vermittelt, an welcher Stelle im Satz Adverbien wie *altid, aldrig, allerede, godt, gerne, ikke, nok, måske, lige* stehen.

ikke	1. Han kommer ↱ i morgen.
nok	2. Han vil ↱ komme i morgen.
måske	3. Kommer han ↱ i morgen?
...	4. Vil han ↱ komme i morgen?
	5. Hun siger, at han ↱ kommer i morgen.
	6. Hun siger, at han ↱ vil komme i morgen.
	7. Hun spørger, om han ↱ kommer i morgen.
	8. Hun spørger, om han ↱ vil komme i morgen.

In einfachen Aussagesätzen ist es wie im Deutschen, d. h. das Adverb folgt direkt hinter dem Verb:

De spiser altid klokken seks.
Søren læser aldrig avis.
De kommer allerede klokken halv otte.

oder bei zusammengesetzten Verben nach dem ersten Hilfs- oder Modalverb:

Vi har lige spist.
Han skal nok komme.
Du kan da ikke gå hjem nu!

In Fragesätzen und in Nebensätzen dagegen steht das Adverb immer direkt hinter dem Subjekt – hier ist es egal, ob das Verb zusammengesetzt ist oder nicht:

Er du altid så sur?
Skal vi ikke drikke et glas vin?
Hun siger, at hun måske
* kommer i aften.*
Han spørger, om jeg ikke kan vaske hans
* sokker.*
Lone købte den cykel, hun længe
* havde ønsket sig.*

Das Modalverb *må*

In dieser Lektion lernen wir das Modalverb *må* als Ausdruck für etwas **Notwendiges** kennen:

Han må reparere stolen, ellers kan han
* ikke sidde på den.*
Jeg må gå nu, jeg skal være hos Anne-
* lene klokken syv.*
Jeg må skynde mig, ellers kommer jeg for
* sent.*

Man könnte den Ausdruck *Jeg er nødt til at ...* in der gleichen Situation verwenden. Denken Sie immer daran, dass nach den Modalverben der Infinitiv, also die *e-*Endung des Verbs folgt.

Übungen

1

Setzen Sie *ikke* ein. Handelt es sich um einen Hauptsatz mit Nebensatz, setzen Sie *ikke* in den Nebensatz ein:

1. Inger ringer til sin lærer i dag.
2. Vil du vaske op efter middagen?
3. Else Marie er sur over, at Bo låner hendes vogn.
4. Bent mener, at vi kan tage på ferie i juli.
5. Han spørger, om vi har lyst til at komme i aften.
6. Har du noget ild?
7. Maren fortalte, at hun alligevel vil holde op med at ryge.
8. Har du en cigaret?
9. Grethe siger, at hun kan komme allerede klokken otte.
10. Kan du hjælpe mig med det her?

2

Setzen Sie die folgenden Wörter ein:

af (2x) – *med* – *på* (2x) – *til* (5x)

1. En ske bruger man _____ at spise suppe med.
2. Huset er bygget _____ træ.
3. Alle tallerkener hos familien Hansen er _____ plastic.
4. Du kan ringe _____ rejsebureauet.
5. Jeg tænker tit _____ dig!
6. Jeg er nødt _____ at gå nu.
7. Hvad bruger du den her _____?
8. Du kan sejle _____ færgen klokken 2.
9. Jeg bliver nødt _____ at tage en taxa.
10. Hvornår tager du _____ ferie?

3

Bilden Sie jeweils drei Sätze beginnend mit *Jeg må …* und *Jeg er nødt til at …*. Verwenden Sie für den ersten Teil des Satzes die Ausdrücke aus dem Kasten oder eigene:

> *rydde op – gøre rent – lave lektier – snakke med min bank – stå tidligt op – gå – skynde mig – …*

1. Jeg må … , ellers kan jeg ikke …
2. , ellers kan jeg ikke …
3. , ellers kan jeg ikke …
4. Jeg er nødt til at … , ellers kan jeg ikke …
5. , ellers kan jeg ikke …
6. , ellers kan jeg ikke …

4

Setzen Sie *hen(-ne), hjem(-me), ind(-e), ned(-e), op(-pe), ud(-e)* ein:

1. Hvor er du _____?
2. Jeg er _____ i køkkenet.
3. De sejler _____ i havnen.
4. Jeg går _____ nu!
5. Vi spiser _____ på terrassen.
6. Hvornår var du _____ i går?
7. Du skal gå _____ ad den her gade.
8. Birthe er _____ hos sin veninde.
9. Kom _____ af vandet.
10. Kør _____ ad gaden til lyskurven.
11. Jens sidder _____ på sit værelse.
12. Går du med _____ til Ole?
13. Han ser fjernsyn _____ i stuen.
14. Vi har et hobbyrum _____ i kælderen.
15. Hun sidder _____ i træet.

5

Ordnen Sie zu:

1. Jeg bliver nødt til at gå nu.
2. Det lyder godt!
3. Tror du, vi kan ordne det på fredag?
4. Har du lyst til at komme på mandag?
5. Vil du ikke lige tænde for fjernsynet?
6. Vil du ha' lidt mere kaffe?
7. Gider du godt åbne døren for mig?
8. Tak for i aften!

a. Måske.
b. Ja, et øjeblik.
c. Selv tak!
d. Allerede?
e. Ja, det har jeg i hvert fald.
f. Ja tak.
g. Ja, værsgo.
h. Ja, det synes jeg også.

1	
2	
3	
4	
5	
6	
7	
8	

6

Setzen Sie *mange* oder *meget* nach folgendem Muster ein:

Hvor *mange* stykker sukker skal du ha' i kaffen? (zählbar: mange stykker)
Hvor *meget* sukker skal du ha' i kaffen? (unzählbar: meget sukker)

1. Hvor _____ fløde vil du ha'?
2. Hvor _____ børn har du?
3. Hvor _____ hjælp kan du få?
4. Hvor _____ vin skal vi købe til festen?
5. Hvor _____ dage er der til jul?
6. Hvor _____ arbejde, tror du, det vil være?
7. Hvor _____ roser skal jeg købe?
8. Hvor _____ sovepladser er der i sommerhuset?
9. Hvor _____ penge har du med?
10. Hvor _____ mælk skal jeg købe?

7 78

Martin Mundt aus Hamburg will seinen Urlaub auf der Insel Samsø verbringen. Vier Wochen vorher bestellt er einen Fähr-platz. Hören Sie sich das Gespräch an und entscheiden Sie, ob die Aussagen richtig oder falsch sind:

	rigtigt	forkert
1. Martin Mundt bestiller plads til færgen den 28. juni.	❏	❏
2. Afgangen klokken syv er udsolgt.	❏	❏
3. Der er ledige pladser klokken 18.15.	❏	❏
4. Der er ikke plads til Mundts campingvogn.	❏	❏
5. Han får bestillings-nummer 58 65.	❏	❏
6. Han skal være der 20 minutter før, færgen sejler.	❏	❏
7. Det koster i alt 700 kr. for to voksne retur plus campingvogn.	❏	❏
8. Han reserverer også plads til færgen hjem.	❏	❏

8

Aussprache: Der Vokal ø

Sprechen Sie die Wörter *fløde* und *smør* laut. Der ø-Laut ist nicht gleich. Hören Sie von der Cassette/CD die folgenden Wortpaare und kreuzen Sie an, ob der Laut gleich oder nicht gleich ist.

		gleich	nicht gleich
a.	fløde	købe	❑	❑
b.	Jørgen	smør	❑	❑
c.	børn	høre	❑	❑
d.	møde	forkølet	❑	❑
e.	besøge	første	❑	❑
f.	frisør	chauffør	❑	❑
g.	sød	lørdag	❑	❑
h.	dør	gør	❑	❑
i.	øl	mødre	❑	❑

Hören Sie die Wörter nochmals von der Cassette/CD und sprechen Sie nach.

9

Aussprache: Satzbetonung

Hören Sie Folgendes von der Cassette/CD und sprechen Sie nach:

Spiser du altid frokost i kantinen?
Sommetider har jeg en salat med hjemmefra.
Jeg er nødt til at gå nu, ellers kan jeg ikke nå det.
Ja, jeg bliver også nødt til at skynde mig.
Jeg tror, det bliver nødvendigt at male soveværelset.
Nej, det synes jeg bestemt ikke.

Anmerkungen

zu 1

Versuchen Sie wie immer, sich Gesamtausdrücke zu merken, z. B.

> *Jeg skal til koncert.*
> *Jeg skal i biografen.*

An dieser Stelle sei nochmals darauf hingewiesen, dass *skal* dazu verwendet wird, um zukünftige Pläne auszudrücken, wie in den beiden Beispielen oben.

zu 2

Sie kennen bereits, wie man jemanden zu einer Unternehmung auffordert oder einlädt, z. B.:

> *Skal vi ikke ...*

Hier kommt noch eine weitere Form hinzu, die immer dann verwendet wird, wenn man besonders höflich sein will oder etwas unsicher ist:

> *Skulle vi ikke ...*

zu 3

Benny Andersen (Jahrgang 1929) ist ein Lyriker und Autor, der in Dänemark sehr populär ist. Sicherlich auch deshalb, weil er in seinen Gedichten auf ironische Weise, aber auch sehr poetisch, den dänischen Alltag und dänisches Leben einfängt. Es wird gesagt, dass in seinen Gedichten der typisch dänische Humor zu finden ist. Viele der Gedichte sind vertont, als Interpret hat sich hier der „Troubadour" Povl Dissing einen Namen gemacht, auf einigen CD´s wird er sogar von Benny Andersen am Klavier begleitet.

In Lektion 28 lernen Sie ein Gedicht von Benny Andersen kennen.

Pelle Erobreren ist die Verfilmung des gleichnamigen Romans von Martin Andersen Nexø. Regie führte der international bekannte Regisseur Bille August.

Ausländische Filme werden in Dänemark immer – ob im Kino oder im Fernsehen – in der Originalfassung mit dänischen Untertiteln gezeigt. Vielleicht ist das mit ein Grund dafür, dass die meisten Dänen Englisch gut beherrschen.

zu 6 und 7

Versuchen Sie, die Texte der Kinoanzeigen und die der Veranstaltungen auch ohne Vokabelangabe zu verstehen.

zu 7

Sie erinnern sich sicher, dass *om* + *...en* für wiederkehrende Zeiten verwendet wird:

> *Vi går altid en tur **om søndagen**.*
> sonntags, am Sonntag
> ***Om mandagen** går vi til dansk.*
> montags, am Montag
> *De gør rent **om lørdagen**.*
> sonnabends, am Sonnabend
> ***Om aftenen** ser de altid fjernsyn.*
> abends, am Abend

Diese Form wird auch bei Planungen, z. B. eines Tagesablaufs gebraucht:

Om formiddagen går vi på museum.
vormittags, am Vormittag
Om eftermiddagen drikker vi kaffe i Tivoli. nachmittags, am Nachmittag
Om aftenen går vi i teatret.
abends, am Abend

Zur Grammatik

Das Modalverb *må* in Bitten/Erlaubnis und Verboten

In Lektion 6 haben Sie bereits folgende **Bitte** kennengelernt:
Må jeg låne din ...?

Oft tritt *må* zusammen mit *gerne* oder *godt* in **Bitten** und bei **Erlaubnis** auf, z. B.
Du må godt tage min bil i morgen.
Du må gerne komme ind!
Må jeg godt se, hvad du har tegnet?
Må jeg godt be' om en øl til?

Må ikke bezeichnet ein **Verbot**:
Du må ikke så gerne ryge herinde i stuen.
Nej, du må ikke få en is til!
Du må ikke svømme så langt ud.

Übungen

1

An welche Stelle des Satzes gehören die Wörter in Klammern? Schreiben Sie die Sätze:

1. Birthe er glad. (ikke)
2. Anne blev glad for gaven. (ikke)
3. Du må ryge her. (godt)
4. Kommer du i aften? (allerede)
5. Har du lyst til at ta' med mig? (ikke)

Setzen Sie die Wörter in die Nebensätze ein:

6. Ib spørger, om middagsmaden bliver kold. (ikke)
7. Han rejser til syden, fordi solen skinner dér. (altid)
8. Lasse går ned for at se, om Charlotte er kommet hjem. (allerede)
9. Han siger, at alt bliver dyrere. (måske)
10. Mette spørger, om hun må låne din cykel. (ikke)

2

Setzen Sie das Imperfekt nach folgendem Muster ein:

Jeg vil gerne *bede* dig om at rydde op.
Jeg *bad* dig allerede om det *i går*.

1. Jeg skriver et brev til Hanne i dag. *I går* _____ jeg ét til min far.
2. Han vil ikke drikke øl i dag. Han _____ for meget *i går aftes*.
3. Jeg håber, jeg sover godt i nat. *Sidste nat* _____ jeg meget dårligt.
4. Skal vi se fjernsyn i aften? Jeg _____ for resten en virkelig god film *i aftes*.
5. Er han hjemme nu? Han _____ der ikke *for ti minutter siden*.
6. Jeg får en god løn nu. *I mit sidste job* _____ jeg alt for lidt.
7. Kommer hun først i morgen? Jeg *troede*, hun _____ i dag.
8. Har I noget vin til os? Vi _____ tre flasker, men vi *har drukket* dem alle.
9. Sidder han på værtshus endnu? Han _____ der også *for tre timer siden*.

3

Welche Antworten passen zu den Fragen? Ordnen Sie zu:

1. Skal du også i supermarkedet?	a. Det er jeg ked af at høre.	1	
2. Skal vi ikke rydde op på loftet i	b. Det er en film fra 1937.	2	
weekenden?	c. Ja, det må du da gerne	3	
3. Jeg har haft en rigtig dum dag.	d. Nej, det skal jeg ikke.	4	
4. Vi kan godt kigge på det sammen.	e. Det ville være dejligt.	5	
5. Det var hyggeligt!	f. Nej, det har jeg ikke rigtig	6	
6. Vil du med hen på værtshuset i aften?	lyst til.	7	
7. Hvad skal vi se?	g. Det gør jeg også.	8	
8. Må jeg godt låne din cykel?	h. Ja, det synes jeg også.	9	
9. Det er en komedie.	i. Det lyder godt.	10	
10. Jeg glæder mig til at vi ses.	j. Ja, det vil jeg gerne.		

4

Setzen Sie die Präsens- oder Imperfektform nach folgendem Muster ein:

(drikke) Vi *drikker* altid en øl sammen *om fredagen*.
(se) Vi *så* en god film i biografen *sidste fredag*.

1. (gå) - Vi _____ til dansk om tirsdagen.

2. (gå) - Vi _____ en tur i lørdags.

3. (komme) - Han _____ altid om formiddagen.

4. (snakke) - Vi _____ om det i aftes.

5. (køre) - De _____ ud til sommerhuset sidste weekend.

6. (sove) - Vi _____ altid længe om morgenen.

7. (spise) - Vi _____ fisk i fredags.

8. (drikke) - Vi _____ hvidvin til middagen i går.

9. (spise) - De _____ altid wienerbrød til kaffen om eftermiddagen.

10. (være) - Vi _____ altid hjemme om aftenen.

5

Sehen Sie sich die Symbole an und schreiben Sie, was die Personen gestern gemacht haben:

6 **81**

Jens hat Lust, tanzen zu gehen. Er ruft verschiedene Mädchen an, um sie zu fragen, ob sie mit ihm kommen. Kreuzen Sie die Antworten der Mädchen an:

1. Gitte ...
❏ a. har ikke lyst.
❏ b. skal lave lektier.
❏ c. skal på indkøb.

2. Karin ...
❏ a. har ikke tid.
❏ b. har ikke lyst til at være sammen med Jens.
❏ c. gider ikke gå på diskotek.

3. Eva ...
❏ a. gider ikke gå ud at danse.
❏ b. har ikke tid.
❏ c. vil ikke gå med Jens, fordi han allerede har spurgt to andre piger.

7 **82**

Aussprache: Der Vokal *å*

Sehen Sie sich die folgenden Wörter mit dem Vokal *å* an und tragen Sie die Wörter

je nach Aussprache des Buchstabens in das Schema ein. Checken Sie hinterher anhand der Cassette/CD.

så – sådan – måned – håret – står – gå – små – få – får – nå! (Ausruf) – når – må – låne – måne – på

å wie in måned	å wie in så, sådan
...	...
...	...
...	...
...	...

8 **83**

Aussprache: Satzbetonung

Hören Sie Folgendes von der Cassette/CD und sprechen Sie nach:

Skal du også til håndbold i aften?
Jeg skal i biografen.
Jeg har glemt at købe noget til hans fødselsdag.
Åh, nej, det er ikke rigtigt!
Jeg har købt en cd med Kim Larsen til ham.
Det var da en god idé!

Anmerkungen

zu 2

Der Ausdruck *Det gør ondt ...* wird auch verwendet, wenn man sein **Mitgefühl** ausdrücken will:

> *Det gør mig ondt at høre.*
> *Det gør mig ondt for dig.*

zu 3

Die Krankenversorgung ist in Dänemark kostenlos, aber natürlich nicht umsonst zu haben: sie wird über die Steuern finanziert. Die Dänen haben ein *sygesikringsbevis* (Krankenversicherungskarte), die sie bei Arztbesuchen etc. vorzeigen, die aber auch allgemein zum Ausweisen dienen kann. Auf dieser Karte ist u. a. die Personennummer vermerkt. Seit 1968 wird jeder Däne mit einer Nummer in einem zentralen Personenregister registriert, in *Det Centrale Personregister*. Daher sagt man statt *personnummer* oft auch *CPR-nummer*. Diese Nummer setzt sich zusammen aus dem Geburtsdatum, einer Registriernummer und einer Kennziffer für das Geschlecht. Die Nummer wird bei jedem Schriftverkehr mit Behörden angegeben und steht in Ausweisen, im Führerschein und ähnlichen Dokumenten.

Die Telefonnummer des Notarztes (*lægevagt*) findet man immer vorn im örtlichen Telefonbuch, zusammen mit anderen Notdiensten.

Die meisten Medikamente sind in Dänemark nur auf Rezept erhältlich. Arzneimittel ohne Rezeptpflicht nennt man *håndkøbsmedicin.*

Sønderjylland(s Amt) ist eines der zehn Verwaltungsbezirke (*amter*), in die Dänemark eingeteilt ist.

zu 4

Peter Høeg (geb. 1957) ist ein moderner dänischer Autor, dem der internationale Durchbruch gelungen ist. Sein Roman *Frøken Smillas fornemmelse for sne* wurde unter der Regie von Bille August verfilmt.

zu 6

Natürlich kommt es in dem Rollenspiel nicht darauf an, eine ärztliche Diagnose zu stellen. Es ist vielmehr wichtig, dass man einem Arzt gegenüber verständlich machen kann, was einem fehlt.

Zur Grammatik

Modifizierende Adverbien

Wörter wie *forfærdelig, dejlig, fantastisk, rigtig, temmelig* werden oft in verstärkender Funktion gebraucht:

> *Jeg har det forfærdelig skidt.*
> *Det er dejlig varmt i dag.*
> *Det er en fantastisk god bog.*
> *Du ønskes en rigtig god jul!*

Übungen

1

Tragen Sie die Körperteile ein:

2

Ordnen Sie die Satzteile einander zu:

1. De holder ferie	a. i forældrenes soveværelse.	1	
2. Sommerhuset ligger	b. hos naboen.	2	
3. Thomas kommer ind	c. ved Eriks seng.	3	
4. Birthe skynder sig hen	d. foran i telefonbogen.	4	
5. Hun sætter sig	e. i et sommerhus.	5	
6. Har du ondt	f. i de sidste dage.	6	
7. Vi kan låne et termometer	g. i Sønderjylland.	7	
8. Vi må hellere ringe	h. i halsen?	8	
9. Hans kører	i. til lægevagten.	9	
10. Han finder telefonnummeret	j. til børnenes værelse.	10	
11. Min søn har været forkølet	k. en tablet 3 gange daglig.	11	
12. Erik skal tage	l. til den nærmeste telefonboks.	12	

3

Setzen Sie folgende Wörter ein:

fejle – hovedpine – feber – forkølet – fryse – rask – influenza – syg – utilpas

Da Lars Madsen kom hjem fra arbejde, følte han sig ikke rigtig _____. „Hvad _____ du?" spurgte hans kone? „Åh," sagde Lars, „jeg føler mig _____. Jeg _____ og har en forfærdelig _____." „Bare du ikke bliver _____," mente Trine Madsen, „du har jo været forfærdelig _____ i de sidste par dage. Vi må hellere se, om du har _____."

Hun hentede termometret. Lidt efter vidste de, at Lars havde 39.4. „Du må hellere gå i seng, det er nok _____," sagde Trine, „jeg ringer til dit firma og siger, at du er syg."

Lars havde det så skidt, at han skyndte sig i seng. Et par dage efter følte han sig rask igen.

4

Welche Antworten passen zu den Fragen? Ordnen Sie zu:

1. Hvad fejler du?	a. Ja tak, lidt danskvand.	1	
2. Hvor længe har du været forkølet?	b. Ja, lidt.	2	
3. Har du feber?	c. Det ved jeg ikke.	3	
4. Har du ondt i halsen?	d. Ja, jeg har hovedpine.	4	
5. Er din hals rød?	e. Ja, jeg har 39,7.	5	
6. Er der andet, der gør ondt?	f. Nej, jeg behøver ikke nogen læge.	6	
7. Skal jeg ringe efter en læge?	g. Jeg tror, jeg har influenza.	7	
8. Vil du ha' noget at drikke?	h. Siden i forgårs.	8	

5

Schreiben Sie, warum sich die verschiedenen Personen im Wartezimmer des Arztes befinden. Benutzen Sie die folgenden Ausdrücke:

influenza – forkølet (2x) – venter et barn – mavepine – feber – hovedpine – ondt i ryggen – brækket benet – ondt i foden

6

Bilden Sie die Sätze nach folgendem Muster um:

Hun står op *klokken syv*.
Han vasker *sommetider* op.

Klokken syv står hun op.
Sommetider vasker han op.

1. Arne kommer hjem *ved syv-tiden*.
2. Gitte kører på arbejde *klokken otte*.
3. Børnene kommer hjem fra skole *klokken to*.
4. Hun har aldrig været *i USA*.
5. Ole er heller ikke *hjemme*.
6. Hun vil lære 20 nye danske ord *hver dag*.
7. Du kan godt gå hjem *nu*.

8. Jeg kan godt li' et lille glas snaps *af og til*.
9. Vi tager til stranden, *når mor kommer hjem fra arbejde*.
10. Han kan ikke afbetale huset, *hvis han bliver arbejdsløs*.
11. Birgitte synes, at *Lars godt kan hjælpe til hjemme*.

7

Bilden Sie Fragen zu den Antworten. Beginnen Sie stets mit *hvor længe, hvor tit* oder *hvornår*:

1. _____ – Jeg har boet her i to år.
2. _____ – Jeg spiller håndbold 3 gange om ugen.
3. _____ – Jeg vasker altid tøj om lørdagen.
4. _____ – Jeg kan komme hen til dig på søndag.
5. _____ – Jeg har ferie i 4 uger.
6. _____ – Jeg har ferie om 2 uger.
7. _____ – Jeg går aldrig i teatret.
8. _____ – Det ved jeg ikke. Jeg har været i
   _____   Danmark mange gange.
9. _____ – Jeg har læst dansk i 3 år.
10. _____ – Jeg er født den 10. januar 1968.

8 84

Klaus ruft bei seiner Kursleiterin an, um ihr zu sagen, dass er am Abend nicht zum Kurs kommen kann. Was fehlt ihm?

❏ 1. Klaus føler sig utilpas.
❏ 2. Klaus føler sig ikke rigtig rask.
❏ 3. Klaus er forkølet.
   4. Klaus har ...
        ❏ a. hovedpine
        ❏ b. mavepine
        ❏ c. ondt i halsen
        ❏ d. feber

9 85

Aussprache: Satzbetonung

Hören Sie Folgendes von der Cassette/CD und sprechen Sie nach:
Jeg har det ikke så godt i dag.
Hvad fejler du?
Jeg har ondt i ryggen.
Jeg har tandpine.
Det var jo ikke så godt.
Du får det nok snart bedre.

10 86

Aussprache: Vokale

Hören Sie von der Cassette/CD eine Reihe von bekannten Wörtern. In jeder Zeile befinden sich drei Wörter mit gleich geschriebenen Vokalen, aber ein Wort unterscheidet sich in der Aussprache des Vokals von den anderen. Finden Sie dieses und kreisen Sie es ein! Benutzen Sie die Pausentaste, falls nötig.

a. fjerde	efternavn	venstre
b. glemt	selv	det
c. stykke	undskyld	ulykke
d. orden	torden	stor
e. land	vand	gade
f. sur	sukker	tur
g. alene	mene	sjette
h. pose	kop	to
i. smør	øl	første
j. vi	vil	til

Lektion 29

Anmerkungen

zu 1

Slik sind Süßigkeiten. Das Wort kommt auch in Verbindungen wie *en slikkepind* (ein Lolly) oder *en slikbutik* (ein Laden, in dem Süßigkeiten und Eis verkauft werden) vor.

Merken Sie sich folgende Ausdrücke:

Det er lige meget.	Es ist egal.
Hvad er der i vejen?	Was ist los?
Er der noget i vejen?	Ist irgend etwas los?

zu 2

Moms ist die übliche Abkürzung für *merværdiomsætningsafgift* (Mehrwertsteuer).

zu 3

Die Telefonnummern für Notrufe stehen wie bereits erwähnt vorn in den Telefonbüchern.

In Verbindung mit Verkehrsunfällen werden folgende zwei Ausdrücke verwendet: *trafikuheld* und *trafikulykke*, oder auch *færdselsuheld* und *færdselsulykke*. Oft werden die Ausdrücke wie Synonyme verwendet, also ohne Unterscheidung, aber in der Regel bezeichnet man mit *ulykke* ein schwerwiegenderes Ereignis (vergl. Unglück).

Nicht immer ist der Rettungsdienst (*Falck*) so schnell zur Stelle wie in diesem Fall. Bedingt durch die ländlichen Strukturen in Dänemark kann es zu erheblichen Wartezeiten kommen.

Zur Grammatik

Das Passiv

In dem Satz *Manden blev båret ind i ambulancen* haben wir eine der zwei dänischen Passivformen.

Wie bereits in Lektion 19 erwähnt, gehört die Passivbildung nicht zum Lernstoff im Anfängerunterricht. Sie brauchen daher das Folgende nur zur Kenntnis zu nehmen und nicht zu üben.

Man bildet das Passiv durch

a. *blive* + Partizip Perfekt:

Brevet bliver sendt.	Der Brief wird abgeschickt.
Pakken blev sendt i går.	Das Paket wurde gestern abgeschickt.
Regningen er blevet sendt.	Die Rechnung ist abgeschickt worden.

b. Infinitiv + *s* (bzw. Imperfekt + *s*):

Breve sendes med luftpost til England.   Briefe werden per Luftpost nach England geschickt.

Engang sendtes de med skib.   Früher wurden sie per Schiff geschickt.

In der gesprochenen Sprache wird hauptsächlich die Passiv-Form mit *blive* gebraucht. Sie bezieht sich immer auf eine einzelne Handlung:

Bilen blev repareret.
Ole bliver hentet af sin mor.
Sangen blev spillet af komponisten.

Die s-Form des Passivs wird eher in geschriebenen Texten verwendet, z. B.

- für Generelles:

Postkassen tømmes kl. 18.
Græsset må ikke betrædes.
Dyrene må ikke fodres.

- in Zeitungsüberschriften und Annoncen:

Ny præsident søges
Brugte biler købes og sælges

- in Anweisungen, Rezepten:

Tomme flasker stilles her.
Kagen bages ved 200 grader.

Übungen

1
Was sagen Sie an der Tankstelle?

1. Sie möchten volltanken.
2. Der Motor ist nicht in Ordnung.
3. Der Wagen will nicht starten.
4. Der Wagen verbraucht zuviel Öl.
5. Sie möchten gerne den Ölfilter gewechselt haben.
6. Sie möchten, dass der Mechaniker Ihren Wagen untersucht.

2

Setzen Sie die nachstehenden Wörter in den Brief ein:

sygehus – ambulance – ulykke – politistation – gå – standse – straks – falde – værtshus – ringe – trist – fuld

Kære Birthe!

Tak for jeres indbydelse! Vi kommer gerne og glæder os allerede til turen og til at se jer på lørdag!

Vi er alle i lidt _____ (1) humør i dag, fordi vi så en alvorlig _____ (2) i går. Vi _____ (3) en tur på hovedgaden i Stege, da en mand kom ud fra et _____ (4). Han var temmelig _____ (5) og gik lige ud på kørebanen. Her blev han kørt ned af en bil, som ikke kunne _____ (6). Manden _____ (7) og blev liggende på gaden. Herbert _____ (8) efter en _____ (9). Den kom _____ (10), og manden blev kørt på _____ (11). Bagefter var vi alle på _____ (12), hvor der blev skrevet rapport.

Ellers har vi haft en god ferie indtil nu. Vejret har været fint, vi har kun haft regn de første par dage.

Kærlig hilsen

Rita

3

Finden Sie jeweils den Gegensatz:

1. sulten
2. tom
3. stor
4. sur
5. lang
6. smal
7. tyk
8. tung
9. varm
10. hård
11. glad
12. lys

4

Setzen Sie die folgenden Wörter ein:

hos – med – til (2x) – *i* (2x) – *for – fra – på* (2x) – *ind*

Grethe er ansat _____ et bageri. Hun arbejder _____ klokken otte _____ klokken tolv. Så køber hun _____. Hun kan godt lide at handle _____ købmand Hansen lige over _____ bageriet, for købmanden er altid _____ godt humør. Ofte møder hun venner og bekendte _____ gaden og får sig en lille snak _____ dem. Hun synes, at det skal der være tid _____. Derefter skynder hun sig hjem _____ sin cykel.

5

Ordnen Sie zu:

1. Hvad fejler du?	a. Min kone har brækket benet.	1
2. Jeg kan desværre ikke komme.	b. Ja, det er den gule bygning	2
3. Hvad er der i vejen?	på højre hånd i Storegade.	3
4. Undskyld, kan du sige mig, hvor der	c. Tak skal du ha'!	4
er et apotek?	d. Ja, et øjeblik! Hun kommer	5
5. Min hund er død.	straks!	6
6. Må jeg låne din telefon?	e. Jeg har influenza.	7
7. God bedring!	f. Ja, den er halv to.	8
8. Jeg vil gerne tale med lægen.	g. Det gør mig ondt.	9
9. Har du lyst til at gå i biografen	h. Det var en skam!	10
i aften?	i. Ja, det har jeg.	
10. Kan du sige mig, hvad klokken er?	j. Ja, det må du godt.	

6

Bilden Sie Sätze nach folgendem Muster:

Jeg er glad.
→ *Hun siger, at hun er glad.*
Er du sur?
→ *Hun spørger, om han er sur.*
Setzen Sie dabei *han* oder *hun* nach eigener Wahl ein:

1. Vil du med til udstillingen?
2. Har du lyst til at gå i byen?
3. Jeg gider ikke skrive det her.
4. Jeg blev sur over hans brev.
5. Hun stod op kl. 6 i morges.
6. Vil du ikke nok lave kaffe?
7. Det er jeg ked af.
8. Hun tager to hovedpinepiller om dagen.
9. Skal vi gå en tur?
10. Har du hørt, at der skete et færdselsuheld i Storegade?

7

Bo Beck Pedersen ist krank. Was muss er tun, was darf er nicht machen?
Bilden Sie Sätze nach folgendem Muster:

Han har sukkersyge.
Han skal spise masser af grøntsager.
Han må ikke spise kager.
Han må ikke spise ting med sukker i.

1. Han er forkølet.
    tage en varm sweater på
    spise så meget hvidløg som muligt
    gå i sauna

2. Han har influenza.
    drikke varm whisky
    gå i seng
    gå til læge

3. Han har hovedpine.
    gå en tur
    tage en hovedpinetablet
    gå på diskotek

4. Han har ondt i ryggen.
    arbejde i haven
    hjælpe venner med at flytte et
        tungt skab
    gøre gymnastik

5. Han har mavepine.
    drikke øl og vin
    spise fed mad
    spise revne æbler

6. Han har tandpine.
    tage det roligt
    drikke et par snapse
    gå til tandlæge

8 87

Sie sind in Dänemark und möchten einen Tagesausflug machen. Sie hören sich deshalb den Wetterbericht im Radio an. Kreuzen Sie an, wie das Wetter voraussichtlich wird:

Lørdag:
1. opfriskende vind ❑
2. sol ❑
3. regn ❑
4. temperaturer omkring frysepunktet ❑
5. tåge ❑

Søndag:
1. frisk vind ❑
2. sol ❑
3. regn ❑
4. temperaturer omkring frysepunktet ❑
5. tåge ❑

9 88

Aussprache: Die Endung *-tion* und *ch* am Anfang eines Wortes

Sie können doch *Sjælland* aussprechen. Sehen Sie sich die folgenden Wörter an und kreisen Sie dann den Laut [sj] wie in *Sjælland* ein:

station	chance
motion	Charlotte
turistinformation	chef
reception	check
situation	brochure

Hören Sie nun die Wörter von der Cassette/CD und sprechen Sie nach.

10 89

Aussprache: Satzbetonung

Hören Sie Folgendes von der Cassette/CD und sprechen Sie nach:

Jeg skal lige ha' ordnet nogle ting.
Vi skal rigtig hygge os, når du er væk i aften.
Er der noget i vejen?
Han har været heldig.
Der er sket en alvorlig færdselsulykke.
Det gør mig ondt at høre.

Anmerkungen

zu 3

Falls das Thema der politischen Parteien in Dänemark Sie interessiert, besorgen Sie sich aktuelles Informationsmaterial von der Dänischen Botschaft in Berlin. Anschrift:

Kgl. Dänische Botschaft/
Kgl. Dansk Ambassade
Postfach 30 12 45
10722 Berlin
Tel. (030) 50 50 20 00
http://www.daenemark.org
E-Mail: botschaft@daenemark.org

Die Homepage der Botschaft ist zweisprachig (deutsch und dänisch) aufgebaut und bietet u. a. unter der Rubrik „DK-Info" allgemeine Informationen über Dänemark zu den verschiedensten Themen.

zu 4, 5 und 7

Die wichtigsten Informationen zum Thema *folkehøjskoler* ersehen Sie aus Birthes Brief in Nummer 5. Da ein kurzer Kurs auch für Dänischlernende in Frage kommen könnte, hier die Anschrift der Vertretung aller *folkehøjskoler* in Kopenhagen. Dort erhält man ein ausführliches Kursprogramm:

Højskolernes Sekretariat
Nytorv 7
DK-1450 København K.
http://www.folkehojskoler.dk
E-Mail: hs@grundtvig.dk

Hinzuzufügen wäre noch, dass die Idee zu Heimvolkshochschulen von N.F.S. Grundtvig (1783-1872) stammt. Es lohnt sich auf jeden Fall, sich eingehender mit dieser Persönlichkeit zu befassen, weil Grundtvig wie kein anderer mit seinen Gedanken die dänische Gesellschaft beeinflusst hat. Es würde jedoch den Rahmen dieses Buches sprengen, hier näher darauf einzugehen.

Zur Grammatik

Konjunktionen

1. *både ... og*   sowohl ... als auch

   *Lene har **både** sommerhus **og** bil.*
   *Han var **både** træt **og** sulten.*

2. *enten ... eller*   entweder ... oder

   *I kan **enten** gå **eller** cykle.*
   *Vi kommer **enten** i dag **eller** på lørdag.*

3. *hverken ... eller*   weder ... noch

   *De havde **hverken** rød- **eller** hvidvin.*
   *Hanne har **hverken** bil **eller** sommerhus.*

Modalverb: *kan/kunne*

Kunne ist das Imperfekt von *kan*. Es wird u. a. verwendet, um **Möglichkeiten** aufzuzeigen, z. B.

   Vi kunne gå i biografen.
   Kunne vi ikke blive hjemme i dag?
   Du kunne gå på indkøb bagefter.

Zeitbestimmungen

Sehen Sie sich die Übersicht mit den Zeitbestimmungen hinten im Buch an und prägen Sie sich deren Gebrauch ein. Die Übungen dieser Lektion werden Ihnen helfen, die Zeiten richtig zu verwenden.

Übungen

1

Übersetzen Sie
und tragen Sie ein:

1. Umwelt
2. Umweltverschmutzung
3. Lebensstandard
4. Heimvolkshochschule
5. Wirtschaftswissenschaft
6. Politik
7. Regierung
8. national
9. arbeitslos
10. Wahl
11. Frieden
12. Prüfung
13. Welt
14. Erde

Das stark umrandete Feld ergibt - von oben nach unten gelesen - etwas, was uns alle angeht.

2

Stellen Sie schriftlich die Aussagen richtig (zum Brief im Lehrbuch S. 173):

1. Rita glæder sig over, at de ikke kan besøge familien Andersen næste weekend.
2. De kan heller ikke komme den 13.-15. april.
3. Ritas bror skal snart op til eksamen i dansk på universitetet.
4. Danskerne har lige haft valg.
5. De politiske partier i Tyskland interesserer sig ikke for miljøproblemer.
6. Forurening er ikke noget problem i Tyskland.
7. Rita sender en artikel fra en dansk avis til Birthe.

3

Übertragen Sie die Geschichte ins Imperfekt:

(1) En morgen står Ole tidligt op. Han
(2) har ferie og skal på højskole. Han
(3) glæder sig, for han tror, det er
(4) et godt kursus, han har valgt. Det
(5) er et kursus om miljøproblemer.
(6) Han har valgt det, fordi han
(7) interesserer sig for naturen og
(8) gerne vil vide mere om, hvad man
(9) kan gøre for at stoppe forurenin-
(10) gen. Han håber også, at han vil møde
(11) mange interessante mennesker på
(12) kurset. Kurset skal vare i 14 dage.
(13) Ole skynder sig med at pakke kuf-
(14) ferten. Han ved ikke rigtigt, hvor
(15) meget tøj han skal tage med. Til
(16) sidst pakker han alt det tøj ned,
(17) der er rent. Han tænker på, at han
(18) ikke må glemme sit fotografi-
(19) apparat. En halv time senere er
(20) han færdig og tager af sted.

4

Setzen Sie folgende Wörter ein:

både ... og
enten ... eller
hverken ... eller

1. Der er mange, der _____ kan læse
   _____ skrive.
2. Det var en god fest: Vi fik _____ øl
   _____ snaps.
3. I dag gider Tage _____ vaske tøj
   _____ rydde op.
4. Jeg er ikke helt sikker, men Karsten
   kommer _____ i dag _____ i
   morgen.

5. Jeg er ked af at sige det, men jeg kan
   _____ i dag _____ i morgen.
6. I ferien tager vi _____ til Sverige
   _____ til Norge.
7. _____ England _____
   Tyskland er medlemmer af NATO.
8. De har det godt: De har _____
   sommerhus _____ båd.
9. De bliver nødt til _____ at sælge
   sommerhuset _____ sejlbåden.
10. Du kan give mig pengene _____ i
    DM _____ i kroner.

5

Kreuzen Sie die richtige Zeitbestimmung an. Mitunter - es hängt von der jeweiligen Situation ab - können Sie 2 Kreuze setzen:

1. Jeg skal i biografen ...
❏ a. om morgenen.
❏ b. i morgen.
❏ c. i morges.

2. Jeg arbejdede i haven ...
❏ a. om morgenen.
❏ b. i morgen.
❏ c. i morges.

3. Jeg vasker altid mit hår ...
❏ a. om fredagen.
❏ b. på fredag.
❏ c. i fredags.

4. Jeg sejler ...
❏ a. om sommeren.
❏ b. næste sommer.
❏ c. sidste sommer.

5. Jeg kørte til Århus ...
❏ a. hver weekend.
❏ b. næste weekend.
❏ c. sidste weekend.

6. Vil du med ud til campingpladsen ...
❑ a. om søndagen.
❑ b. på søndag.
❑ c. i søndags.

7. Jeg snakkede med nogle danskere ...
❑ a. om lørdagen.
❑ b. på lørdag.
❑ c. i lørdags.

8. Jeg arbejder aldrig ...
❑ a. om aftenen.
❑ b. i aften.
❑ c. i aftes.

9. Jeg skal nok vaske op ...
❑ a. om aftenen.
❑ b. i aften.
❑ c. i aftes.

6
Tragen Sie die Zeitbestimmungen ein:

1. Der går en færge _____.
   (fem minutter)

2. Jeg var i teatret _____. (lørdag)

3. Vil du med til Blåvand _____?
   (søndag)

4. Vi tager altid ud til sommerhuset
   _____. (weekend)

5. Nu har jeg været her _____.
   (2 timer)

6. Kirstens vogn startede ikke _____.
   (morgen)

7. Skal vi ikke gå en tur _____. (aften)

8. Jeg boede i Århus _____. (3 år)

9. Han vaskede tøj _____.
   (aften)

10. Jens kommer hjem _____.
    (1 time)

11. Familien flytter _____. (fredag)

12. De står altid sent op _____.
    (søndag)

13. Skal vi ikke tage til stranden
    _____? (aften)

14. Bagerne har åbent _____.
    (søndag)

15. Han kom her til byen _____. (6 år)

7
Beschreiben Sie Arnes Tagesablauf, indem Sie das vorgegebene Gerüst mit dem, was in Klammern steht, weiter ausführen:

Arne vågner kl. 7, fordi vækkeuret ringer.
   (Hvad tænker han?)
Han giver sin kone Anne Marie et kys.
   (Hvad tænker han?)
   (Hvad tænker hun?)
Så tænder han for radioen og lytter til radio-avisen.
   (Skriv, hvad han hører om.)
Lidt senere spiser Arne og Anne Marie mor-genmad.
   (Skriv, hvad de spiser.)
Bagefter ordner Arne det huslige arbejde.
   (Skriv, hvad han laver.)
Så har Arne fri.
   (Skriv, hvad han laver i sin fritid.)

Lesen Sie Ihre Geschichte am nächsten Kursabend vor.

8 **90**

Ein Journalist interviewt mehrere Personen auf einer dänischen *folkehøjskole*. Kreuzen Sie an, welche der Aussagen richtig oder falsch sind:

	rigtigt	forkert
1. Bente er færdig med skolen.	❏	❏
2. Hun vil læse på universitetet.	❏	❏
3. På gymnasiet har hun lært mange praktiske ting.	❏	❏
4. Georg har været arbejdsløs i flere år.	❏	❏
5. Han arbejder med et energi-projekt.	❏	❏
6. Han gider ikke arbejde.	❏	❏
7. Hanne vil gerne leve på en anden måde.	❏	❏
8. Hun mener, det er vigtigt med en god eksamen.	❏	❏
9. Hun interesserer sig for økologi.	❏	❏

9 **91**

Aussprache: Zungenbrecher

Gönnen Sie sich nun zum Schluss das Vergnügen, einige dänische Zungenbrecher zu hören und evtl. zu meistern.

Hören Sie und sprechen Sie nach:

rødgrød med fløde
bispens gipsgebis
stativ stakit kasket
Bobs pop post boks
Freddy Fræk fra Fakse fangede i fælder
femten flotte friske fiskefrikadeller.

Anhang

Schlüssel

Lektion 1

1
1. hun - 2. han - 3. han - 4. hun - 5. hun - 6. han - 7. han - 8. hun.

2
a fra/jeg/hvor/kommer (er)
b navn/goddag/kommer (er)/fra/også

3
1. Jeg hedder ... - 2. Jeg kommer/er fra ... - 3. Goddag. - 4. Dav! - 5. Farvel! - 6. Selv tak!

4
1. Goddag - 2. Hej/Dav - 3. Tak - 4. Jeg kommer/er fra... - 5. Jeg hedder .../Mit navn er ... - 6. Det er Peter. - 7. Farvel - 8. Tak for i aften!

5
1 kommer - 2. goddag - 3. jeg - 4. hvor - 5. De - 6. du - 7. godaften - 8. også - 9. fra - 10. nej - 11. tak - 12. hvad

6
1c - 2b - 3b - 4b

7
på, fra, fra, fra, i, fra, fra

8
Text der Hörverständnisübung:

Ingo: Hej! Jeg hedder Ingo. Jeg er fra München.
Karen: Hej. Jeg hedder Karen.
Ingo: Hvor er du fra?
Karen: Jeg er fra Danmark.
Ingo: Danmark! Hvor i Danmark kommer du fra?
Karen: Århus.
Hanne: Jeg er også fra Danmark, jeg kommer fra Odense.
Ingo: Og hvad hedder du?
Hanne: Jeg hedder Hanne!

1a - 2a - 3b

9
Betonung 2. Silbe: farvel, goddag, hotel
Betonung 1. Silbe: alle anderen

Lektion 2

1
1. han - 2. hun - 3. han - 4. hun - 5. hun - 6. han - 7. han - 8. hun

2
på landet - i byen - i Tyskland - på Fyn - i Jylland - i Storegade - på en gård - på Ringvej - på Falster - i Danmark

3

1	2	3	4	5	6	7	8
f	e	g	h	b	c	a	d

4

en gade	gaden
en vej	vejen
et hus	huset
en gård	gården
en lejlighed	lejligheden
et værelse	værelset

5
Jens: Hej, Henning!
Henning: Hej, Jens! Hvordan går det?
Jens: Tak det går fint! Og hvordan har du det?
Henning: Jeg har det ikke så godt. Jeg kommer fra doktoren. Jeg har influenza.
Jens: Uha, det er ikke så godt. Nå - farvel du!
Henning: Farvel!

6
Vergleichen Sie mit dem Lehrbuch.

7
a. i - hedder - goddag/er/er - fra/du - også - bor/i - bor/i - jeg
b. og/på - dav - fra - jeg - jeg/på/er - bor

8

1. Hvad hedder du? - 2. Hvor kommer du fra? -
3. Hvor bor du? - 4. Hvordan går det? - 5. Hvor er
hun fra? - 6. Bor du på landet?/Hvor bor du? - 7. Hvor
bor han? - 8. Hvor bor hun? - 9. Hvor er han fra?

9

Text der Hörverständnisübung:

Lis:	Du, Arne, har nummer tolv.
Hanne:	Og jeg? Hvad nummer har jeg?
Lis:	Du har nummer atten, Hanne.
Hanne:	Og Margrethe?
Lis:	Hun har nummer tretten. - Svend, du har nummer syv, og jeg har nummer to. Har I allesammen en nøgle nu?
Hanne:	Ja, det har vi.

1b - 2b - 3a - 4a - 5b

10

			gleich	nicht gleich
a	kommer	hedder	x	
b	landet	nøglen	x	
c	goddag	fornavn		x
d	værelse	lejlighed	x	
e	gade	gården	x	
f	hvordan	Danmark		x
g	undskyld	farvel		x
h	nummer	kontor		x
i	frisør	kender		x
j	keramik	gymnastik	x	

Lektion 3

1

56/seksoghalvtreds - 49/niogfyrre - 72/tooghalvfjerds -
96/seksoghalvfems - 61/enogtres - 84/fireogfirs -
37/syvogtredive - 23/treogtyve - 95/femoghalvfems

2

38/otteogtredive - 57/syvoghalvtreds - 62/toogtres -
45/femogfyrre - 56/seksoghalvtreds - 73/treoghalv-
fjerds - 94/fireoghalvfems - 81/enogfirs - 24/fireog-
tyve

3

Mögliche Fragen:
1. Hvad hedder du? - 2. Hvad hedder du til fornavn/til
efternavn? - 3. Hvor er/kommer du fra? - 4. Hvor
gammel er du?

4

1. De er fire. - 2. Ja, det gør de. - 3. Nej, det gør de
ikke. - 4. Ja, det har de. - 5. Familien Andersen bor
på Falster. - 6. Hans er 40 år, Birthe er 37, Thomas
er 12 og Erik 10.

5

Lösungswort: FERIELEJLIGHED

1. ferie - 2. badeværelse - 3. dør - 4. vindue - 5. køk-
ken - 6. lille - 7. have - 8. jeg - 9. altan - 10. lejlig-
hed - 11. gulv - 12. hos - 13. men - 14. kælder

6

Rågeleje

7

a. 1f - 2f - 3r - 4f - 5r - 6f
b. Eine Möglichkeit:

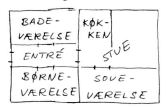

8

Hörverständnisübung:
1. 74 34 04 57
2. 86 46 12 01
3. 97 53 94 18
4. 75 16 21 84
5. 65 96 33 78
6. 42 18 01 41
7. 53 27 59 09
8. 62 93 78 52

9

Alle Doppelkonsonanten werden weich ausgespro-
chen: kk wie g; pp wie b; tt wie d

Lektion 4

1

1. -(e)n/-et - 2. -en/-(e)n 3. -(e)n - 4. -en - 5. -(e)n/-et -
6. -en/-et - 7. -et - 8. -et - 9. -(e)n/-et

2

to hundrede (og) to
et hundrede (og) syvogfyrre
fem hundrede (og) seksoghalvtreds

et tusind tre hundrede (og) fireogfirs
fire tusind seks hundrede (og) enogtredive
ti tusind tre hundrede
syvoghalvtreds tusind otte hundrede (og) niogtres
nitten hundrede (og) syvogtredive
nitten hundrede (og) atten
sytten hundrede (og) enoghalvfjerds
seksten hundrede (og) otteogfyrre
to tusind (og) fire
nitten hundrede (og) nioghalvfems

3
1. billede - 2. fjernsyn - 3. lampe - 4. skab -
5. tæppe - 6. bord - 7. stol - 8. seng

4
6 stole - 2 borde - 3 lamper - 2 fjernsyn - 5 senge -
3 skabe

7
1. skabet/det - 2. sengen/den - 3. bordet/det - 4. tæp-
pet/det - 5. sofaen/den - 6. reolen/den - 7. fjernsy-
net/det - 8. huset/det

8
Die Aussprüche stehen in folgender Reihenfolge:
3 - 6 - 5 - 4 - 1 - 2

9
Text der Hörverständnisübung:

A: Hvad koster den der stol?
B: Den koster 895 kr.
A: Og bordet her?
B: Det koster 1985 kr.
A: Det er godt nok dyrt! Jeg kan godt li' reolen her.
   Hvad koster den?
B: Den er ikke så dyr! Den koster kun 545 kr.
A: Hm. - Og hvad koster det dér tæppe?
B: Det koster 4389 kr.
A: Hm. - Det er også for dyrt. - Farvel
B: Farvel og tak!

1b - 2a - 3a - 4b

10

sommer	reoler
sommerhus	tæpper
kælder	møbler
Inger	biler
fortæller	radioer
skriver	efternavn

11
a goddag
b taler
c bager
d have
e gade

Lektion 5

1
Lösungswort: FORÆLDRE

1. far - 2. mor - 3. barn - 4. mænd - 5. familie -
6. kvinde - 7. dreng - 8. datter

4

1	2	3	4	5	6	7	8	9	10	11
c	e	h	j	a	d/i	i/d	k	f	g	b

5
1d - 2h - 3i - 4a - 5e - 6g - 7c - 8f - 9b

6
Vergleichen Sie mit dem Text im Lehrbuch.

7
Tische - Stühle - Hocker - Schreibtische - Bürostühle
- Regale - Schränke - Sofas - Sessel - Couchtische -
Betten

8
Toft Camping, Glyngøre Camping

9
Text der Hörverständnisübung:

Mor: Hej, Ole!
Ole: Hej, mor!
Mor: Hvor er far?
Ole: Jeg tror, han er i køkkenet.
Mor: Og Mikkel?
Ole: Han er vist nede i kælderen.
Mor: Er Svend også nede i kælderen?
Ole: Nej, han er inde i stuen.
Mor: Godt. - Sig til far, at jeg er inde på mit værelse
      og skriver et brev til mormor.

Mor/Ole - i entreen
Far - i køkkenet
Mikkel - i kælderen
Svend - i stuen

10

		t	d
a	taler	x	
b	Tivoli	x	
c	altid	x	
d	Martini	x	
e	godt		x
f	et		x
g	nat		x
h	elefant		x
i	blyant		x
j	salt		x
k	(for) dyrt		x
l	vinter		x
m	koster		x
n	aften		x

11

		gleich	nicht gleich
ja	jættestue		x
falde	alle	x	
blæse	læse	x	
hætte	hatte		x
skal	skælde		x
have	hæve		x
bager	kager	x	

Lektion 6

1

1. hendes - 2. deres - 3. hendes - 4. deres - 5. hans - 6. hendes - 7. hendes - 8. hans

2

1. sit - 2. sin - 3. sine - 4. sin - 5. sit - 6. sin

3

Hej – Jeg hedder Arne Lund. Hanne er min kone. Vores datter hedder Inge og vores søn Lars.
Det er min bror Ole, hans kone Anne og deres datter Karen. Hendes mand hedder Sten.

4

1. min - 2. vores - 3. dit - 4. vores/jeres - 5. mit - 6. jeres - 7. mine - 8. jeres - 9. dit - 10. vores

5

Mögliche Antworten:

a. Jeg er fra Tyskland.
b. Jeg bor i ...

c. Nej, det har jeg ikke./Ja, min kone (mand/mine børn) er med./Ja, en ven.
d. Ja, det er jeg./Nej, det er jeg ikke.
e. Ja, det gør jeg./Nej, jeg bor i sommerhus/hos venner.
f. Ja, det kan jeg./Nej, det kan jeg ikke./Det ved jeg ikke endnu.
g. Mit navn er .../Jeg hedder ...
h. Jeg er ...
j. Tak (skal De ha')!

6

1. Ja, det kan jeg godt./Nej, det kan jeg ikke. - 2. Ja, det er ... - 3. Jeg har ... børn/ikke nogen børn. - 4. Der kommer ... personer /ikke nogen. - 5. Ja, det har jeg./Nej, det har jeg ikke. - 6. Ja, lidt. - 7. Ja, det kan jeg. - 8. Jeg har fødselsdag i ... - 9. Ja, gerne. - 10. Ja, det må du godt./Ja, gerne/selvfølgelig./Nej, ikke så gerne.

7

a. Hvornår har du fødselsdag? - b. Har du en lighter? - c. Er det her din bog? - d. Hvor bor du? - e. Hvornår har du ferie? - f. Er det jeres bil? - g. Må jeg låne din bog? - h. Har du (en) bil? - i. Er det her dine tændstikker? - j. Hvornår kommer du?

8

Folgender Satzanfang ist richtig:

Vil De være så venlig <u>at</u>	skriv<u>e</u> ...
Vil du ikke godt	tal<u>e</u>
	s<u>e</u> på ... usw.

9

Text der Hörverständnisübung:

Lene: Lene.
Anne: Dav, Lene. Det er Anne. Tak for sidst!
Lene: Selv tak! Hvordan går det?
Anne: Tak, det går meget godt!
Lene: Kommer du til Olavs fødselsdag?
Anne: Ja, det gør jeg. Tror du, der kommer mange?
Lene: Ja, det tror jeg. Det er jo 35, han bliver, og han har så mange venner og bekendte.
Anne: Det bliver nok en god fest!
Lene: Ja, det tror jeg også! Olav glæder sig meget til den, og det gør jeg også. Nå, men jeg har ikke tid til at snakke mere.
Anne: Det har jeg heller ikke. Hej!
Lene: Hej-hej!

rigtigt: 3 - 6
forkert: 1 - 2 - 4 - 5

10

		gleich	nicht gleich
a	tid	til		x
b	kælder	heller	x	
c	hedder	heller		x
d	hele	hedde		x
e	kalde	alle	x	
f	bade	fade	x	
g	kede	bede	x	
h	fuld	bud		x

Lektion 7

1

1. fem minutter over syv - 2. kvart over ni - 3. tyve minutter i seks - 4. halv tolv - 5. kvart i fem - 6. fem minutter i halv otte - 7. fem minutter over halv fire - 8. ti minutter i tre

2

1. fire-syvogfyrre, sytten-tolv
2. fire-tredive, seksten-toogtredive
3. fem-ti, sytten-femogtredive
4. fem-nulsyv, sytten-toogtredive
5. fire-tooghalvtreds, sytten-sytten

3

1c - 2a,b,c - 3a,b,c - 4b - 5c

4

Vergleichen Sie mit dem Lehrbuch.

5

1. Undskyld, kan du/De sige mig, hvad klokken er? - 2. Hvornår kommer du? - 3. Jeg kommer på lørdag. - 4. Jeg kommer om morgenen. - 5. Jeg kan desværre ikke komme på fredag. - 6. Hvornår åbner bageren? - 7. Ja, det er rigtigt. - 8. Jeg henter dig i lufthavnen. - 9. Hvornår går (kører) der et tog til Odense? - 10. Ih, hvor er det dejligt!

6

1. uger - 2. minutter - 3. dage - 4. måneder - 5. sekunder - 6. timer - 7. timer - 8. uger

7

Hvad koster ...

1. skabene - 2. sengene - 3. bordene - 4. bilerne - 5. sofaerne - 6. reolerne - 7. kuglepennene - 8. husene - 9. bøgerne

8

en time - timen - timer - timerne
en dag - dagen - dage - dagene
en uge - ugen - uger - ugerne
en måned - måneden - måneder - månederne
et år - året - år - årene
et hus - huset - huse - husene
et værelse - værelset - værelser - værelserne
en stol - stolen - stole - stolene
et bord - bordet - borde - bordene
et barn - barnet - børn - børnene
en søn - sønnen - sønner - sønnerne
en datter - datteren - døtre - døtrene
en gård - gården - gårde - gårdene
en gade - gaden - gader - gaderne
en vej - vejen - veje - vejene

9

Text der Hörverständnisübung:

A: Undskyld, kan De sige mig, hvornår der går tog fra København til Hamborg i dag?
I: Ja, lige et øjeblik. - Der går tog kl. <u>16.45</u> - <u>21.20</u> - og <u>23.45</u>.
A: Toget kl. 16.45 - hvornår er det i Hamborg?
I: Klokken 21.59.
A: Tak for det!
I: Velbekomme!

10

a	hedder	d	g	hade	d
b	bade	d	h	til	l
c	rød	d	i	brød	d
d	grød	d	j	brødre	d
e	hele	l	k	sæl	l
f	halv	l	l	selv	l

Lektion 8

1

1. far - 2. bog - 3. lighter - 4. tændstikker - 5. brev - 6. seng - 7. mor - 8. kvinde - 9. kuglepen - 10. taske - 11. bror - 12. og - 13. avis - 14. frimærke - 15. dreng

2

1. den femtende januar nitten hundrede treogfirs
2. den fjerde februar nitten hundrede syvoghalvfems
3. den trettende marts nitten hundrede femoghalvfems
4. den otteogtyvende juni nitten hundrede fireoghalvfems
5. den anden maj nitten hundrede nioghalvfems

6. den enogtyvende april nitten hundrede otteoghalvfems
7. den sekstende juli to tusind (og) to
8. den tredje august to tusind (og) tre
9. den ellevte november seksten hundrede otteogfyrre
10. den anden april sytten hundrede tooghalvfems

3

Vi bliver til ...

1. fredag den femtende januar.
2. lørdag den fjerde februar.
3. søndag den trettende marts.
4. onsdag den otteogtyvende juni.
5. tirsdag den anden maj.
6. torsdag den enogtyvende april.
7. mandag den attende august.

4

1. hans - 2. hendes - 3. hendes - 4. hans - 5. hendes - 6. hendes - 7. hans - 8. hendes

5

A3 - B6 - C4 - D2 - E8 - F7 - G10 - H9 - I1 - J5

6

1. på - 2. i - 3. til - 4. med - 5. til - 6. hos - 7. med - 8. til - 9. hos - 10. på - 11. på - 12. til - 13. i - 14. ved

7

1. en uge - 2. to uger - 3. en måned - 4. fem dage - 5. en weekend - 6. fem minutter - 7. tre år - 8. en time

8

1. 4/11 - 2. 3/11 - 3. 16/11

9

Text der Hörverständnisübung:

1. Lene har fødselsdag den 30. maj.
2. Margrethe har fødselsdag den 1. oktober.
3. Christian har fødselsdag den 18. november.
4. Ole har fødselsdag den 4. april.
5. Knud har fødselsdag den 24. marts.
6. Hanne har fødselsdag den 13. august.

10

a idé
b (bekendt)
c desværre
d mandag
e (i) orden

Lektion 9

1

morgenmad - frokost - te - mad - middagsmad - aftenkaffe

2

1. Jeg står op klokken ...
2. Jeg spiser morgenmad klokken ...
3. Jeg kører på arbejde klokken .../Jeg kører ikke på arbejde./Jeg arbejder hjemme.
4. Jeg kommer hjem fra arbejde klokken .../Jeg arbejder hjemme.
5. Jeg spiser klokken ...
6. Jeg slapper af./Jeg ser fjernsyn./Jeg læser en bog./Jeg snakker med .../Jeg hører radio./Jeg arbejder i haven./Jeg ...
7. Jeg går i seng klokken ...

3

1. mig - 2. sig - 3. sig - 4. jer - 5. sig - 6. dig - 7. os

4

1. Klokken otte står jeg op. - 2. Om søndagen arbejder han i huset. - 3. Om formiddagen er han på arbejde. - 4. Klokken tre kan vi drikke kaffe. - 5. I weekenden laver hun mad. - 6. Den 4. marts har han fødselsdag. - 7. Lidt i otte cykler børnene i skole.

5

1. hjemme - 2. hjemme - 3. hjem - 4. hjemme - 5. hjemme - 6. hjemme - 7. hjem - 8. hjemme - 9. hjem

6

klokken	Birthe	Hans
6.15	står op	tager brusebad
7.00	spiser morgenmad	→
8.00	rydder op	vasker op
10.00	syr	arbejder på kontoret
13.00	hjælper Hans	laver frokost
13.45	spiser frokost	→
14.30	vasker op	læser avis
18.05	spiser til middag	→
20.00	ser fjernsyn	snakker med Erik
20.45	ser fjernsyn	laver aftenkaffe
21.05	drikker aftenkaffe	→
22.00	læser	sover
24.00	læser	sover

klokken	Thomas	Erik
6.15	sover	vasker sig
7.00	→	→
8.00	er i skole	→
10.00	er i skole	→
13.00	cykler hjem	→
13.45	→	→
14.30	spiller fodbold	→
18.05	→	→
20.00	vasker sig	snakker med Hans
20.45	går i seng	hører radio
21.05	sover	→
22.00	→	→
24.00	→	→

Selbstverständlich können auch andere Tätigkeiten ins Schema eingetragen werden.

7

Jeg står op klokken syv om morgenen. Jeg tager brusebad og spiser så morgenmad. Klokken otte cykler jeg på arbejde. Jeg arbejder til klokken tolv. Så har jeg en frokostpause. Jeg spiser i kantinen og læser avis. Bagefter arbejder jeg til klokken fem, går på indkøb og cykler hjem. Så laver jeg mad. Efter middagsmaden slapper jeg af og ser fjernsyn.

8

Hier einige Möglichkeiten:

1. en bog/avis
2. på arbejde/i skole/ hjem/til bageren
3. fjernsyn/på møbler
4. med sin mand/med børnene/med Hans
5. en bil/et fjernsyn/arbejde
6. et sommerhus/en ny bil/fire børn
7. sig/tøj/bil/op
8. i haven/hjemme /i kælderen
9. ind/tøj/en bil
10. kaffe/te/mad/lektier

9

Text der Hörverständnisübung:

Christian kan godt lide søndage. Så skal han ikke på arbejde. Han sover længe, spiser morgenmad på sengen og læser søndagsavisen. Efter et langt bad cykler han en tur. Sommetider drikker han kaffe hos nogle venner, før han cykler hjem igen. Hjemme slapper han af og læser. Han laver ikke mad selv, men spiser ofte på en burgerbar. Om aftenen går han sommetider i byen.

Die folgenden Nummern sollten angekreuzt sein:
1 - 6 - 9 - 10

10

Alle Konsonanten werden in den aufgeführten Wörtern weich ausgesprochen oder sind stumm.

Lektion 10

1
1. halv elleve/ti-tredive
2. kvart i tolv/elleve-femogfyrre
3. søndag den anden april
4. tirsdag den tredje maj
5. kvart i to/tretten-femogfyrre
6. fem minutter over otte/tyve-nul-fem
7. onsdag den første juni
8. fredag den fireogtyvende december
9. halv ti/enogtyve-tredive

2
leje - sommerhus - ferie - uger - personer - sovesofa - senge - håber - langt - købmanden

3
1. Hvor langt er der til Esbjerg?
2. Hvornår er sommerhuset ledigt?
3. Hvor mange soveværelser har huset?
4. Hvor mange sovepladser er der?
5. Hvor langt er der til købmanden?
6. Er der køleskab i huset?
7. Er der en strand i nærheden af huset?
8. Hvad koster sommerhuset pr. uge?
9. Hvad er klokken?
10. Hvad dag har vi?

4
1.b,d,e - 2.a,b,d - 3.a,b,e - 4.a,b,e

5
1.b - 2.e(a) - 3.a - 4.c - 5.d

7
1. for - 2. om - 3. til - 4. til - 5. med - 6. ved - 7. på - 8. om

8
Nur „Dejligt bondehus" käme in Frage.

9

Text der Hörverständnisübung:

O: Jeg har lejet en ferielejlighed i nærheden af Ebeltoft. Har du lyst til at tage med?
K: Jeg håber ikke, der er for langt til stranden.
O: Nej, der er kun 200 m til en fin badestrand.
K: Hvor stor er lejligheden?
O: Den er på 65 m². Der er to værelser, køkken og bad. Der er udsigt over havet, og der er også en have.
K: Det lyder godt. Vil du ha' båden med?

Schlüssel

179

O: Ja, det har jeg tænkt mig. Der er også fjernsyn!
K: Jeg vil ikke se fjernsyn i min ferie!
O: Hvorfor ikke det? Jeg synes da, det er dejligt!
K: Det synes jeg ikke. Jeg tror alligevel ikke, jeg kommer med. Hej!

rigtigt: 1, 2, 4, 7, 8

10

sal	læse	i huset
sommer	spise	i soveværelset
se	danse	se fjernsyn
seng	rejse	Søren Hansen

Lektion 11

1

1. Læste Hans avis? - Nej, han arbejdede i haven.
2. Læste Birthe en bog? - Nej, hun syede.
3. Lavede Thomas lektier? - Nej, han så fjernsyn.
4. Cyklede Erik i skole? - Nej, han lavede lektier.
5. Så Ole fjernsyn? - Nej, han læste avis.
6. Sov Ingrid? - Nej, hun drak kaffe.
7. Kørte Hanne på arbejde? - Nej, hun var hjemme.
8. Drak Helge kaffe? - Nej, han drak te.
9. Skrev Christian et brev? - Nej, han lavede mad.

2

ringede - stod - tog - spiste - cyklede - cyklede (tog, kørte) - spiste - lavede - spillede - drak - legede - så - snakkede - gik

4

1. sidste sommer - 2. om sommeren - 3. om natten - 4. om dagen - 5. i lørdags - 6. i søndags - 7. om tirsdagen - 8. i aftes - 9. i går - 10. sidste år - 11. i lørdags - 12. om morgenen - 13. om eftermiddagen - 14. i fredags - 15. i mandags

5

... han til revisor Jensen. Kl. 21.05 så han „French C." i fjernsynet.
I tirsdags ringede han til O.M. Olesen og C. Andersen. Kl. 19.30 var han til fodboldtræning.
I onsdags kørte han til Stubbekøbing.
I torsdags var han på indkøb i Nykøbing og til tysk kl. 20.
I fredags snakkede han med bagermester Hansen (kørte til/ringede til/var hos).
I lørdags ringede han til Ole. Det var Oles fødselsdag.
Lørdag aften spiste han middag på Bøllerup Kro.
I søndags spiste han frokost hos mor og far og havde gæster kl. 19.30 (oder: besøgte Lone og Arne).

6

1	2	3	4	5	6	7	8	9	10
d	i	a	b	c	j	f	e	h	g

7

1. fra - 2. i - 3. om - 4. med - 5. til - 6. på - 7. om - 8. til - 9. i - 10. på

8

1	2	3	4	5	6	7	8
d	f	a	c	b	g	h	e

9

Text der Hörverständnisübung:

Anne: Hej, Ole! Det er godt, du er hjemme i dag. - Jeg var her også i torsdags, men da var du ikke hjemme.
Ole: Åh, det var en skam! Jeg spillede fodbold!
Anne: Kan du li' at spille fodbold?
Ole: Ja, selvfølgelig, det kan jeg bestemt! Jeg spiller altid fodbold - morgen, middag og aften!
Anne: Har du andre hobbyer? Kan du li' at gå lange ture?
Ole: Nej, og det har jeg slet ikke tid til.
Anne: Kan du li' at gå på diskotek?
Ole: Det kommer an på, hvem jeg er sammen med. - Hør - æh - har du ikke tid til en whisky?
Anne: Nej, desværre ikke, du. Jeg går hjem nu og skriver om interviewet.

1c, 2c, 3a, 4b, 5c, 6b

10

		lang	kurz
a	male	x	
b	kalde		x
c	kælder		x
d	kæle	x	
e	smør		x
f	smøre	x	
g	muld		x
h	mule	x	
i	bil	x	
j	binde		x
k	eng		x
l	ene	x	
m	skonnert		x
n	skole	x	
o	fyre	x	
p	fyrre		x

180

Lektion 12

1
1. Hvornår stod du op?
2. Hvad lavede du (så)?
3. Hvor mange kopper kaffe drak du?/Hvad drak du?
4. Hvornår gik du på indkøb?/Hvad lavede du efter morgenmaden?
5. Hvad købte du?
6. Hvorfor købte du øl og vin?
7. Hvad lavede du hjemme/om eftermiddagen?
8. Hvornår kom gæsterne?

2
Han ....
1. stod op - 2. spiste morgenmad - 3. kørte på arbejde - 4. var på arbejde - 5. læste avis - 6. købte ind - 7. kom hjem - 8. lavede mad - 9. spiste (til middag) - 10. så fjernsyn

3
2 l(iter) mælk - 1 brød - 2 glas sild - 1/2 pund smør - 1/4 l(iter) fløde - 1 æske tændstikker - 2 dåser med pølser - 3 stykker wienerbrød

4
1. vaskepulver : 69,95 - 2. tvebakker: 7,95 - 3. honning: 8,95 - 4. kiks: 10,95 - 5. toiletpapir: 15,95 - 6. rødbeder: 16,95 - 7. rundstykker: 12,95 - 8. rødkål: 14,95 - 9. ærter og gulerødder: 11,95

5
1. hvor (hvornår) - 2. hvornår (hvordan) - 3. hvad - 4. hvor langt - 5. hvordan - 6. hvem

7
Rezept für leverpostej (Leberpastete)
tsk.= teske (Teelöffel); 5 dl = $^1/_2$ l

Lever, spæk og løg hakkes 2-5 gange igennem kødmaskinen. Det øvrige røres i, og levermassen hældes i en smurt form eller et ovnfast fad. Bages ca. 45 min. ved 180 C°. (Vandbad ikke nødvendigt i el-ovn.)

8
1. b/e - 2. e/b - 3. i - 4. a - 5. j - 6. h/i/g - 7. f - 8. c - 9. g/h - 10. d

9
Text der Hörverständnisübung:

M: Ska' vi ikke ha' kylling til middag i dag?
K: Jo, det er en god idé. Vi har en kylling i fryseren. Men vi må købe kartofler.
M: O.k., så køber vi kartofler. Jeg synes, vi ska' ha' frugtsalat bagefter. Har vi noget frugt i huset?
K: Ja, det har vi, så det er i orden. Men vi må købe noget til frokosten i morgen - noget pålæg, sild og ost. Har vi smør nok?
M: Det ved jeg ikke - men vi har margarine.
K: Hm, vi må hellere købe smør også. Og mælk! Det er vist alt.
M: O.k., så køber vi altså ...

kartofler, pålæg, sild, ost, smør, mælk

10

	lang	kurz
søn		x
øl		x
sød	x	
rød	x	
grøn		x
ord	x	
bog	x	
kop		x
op		x
god	x	
rum		x
tur	x	
kat		x
nat		x

Lektion 13

1
Lösungswort: SODAVAND. Dies ist die allgemeine Bezeichnung für Sprudel.

1. glas - 2. kop - 3. brød - 4. kaffe - 5. rødvin - 6. flaske - 7. kylling - 8. hvidvin

2
hvad - en kop - hellere - en øl - gerne - ha' - ikke - hvad - bli'r - værsgo

3
1. Må vi be' om spisekortet?
2. Værsgo!
3. Vil I drikke vin, kaffe eller øl?/Hvad vil I ha' at drikke?
4. Vi vil gerne ha' en flaske vin.
5. Må jeg be' om regningen?

4
1. Jeg har ryddet op.
2. Jeg har lavet lektier.
3. Jeg har vasket mig.

Schlüssel

4. Jeg er gået i seng.
5. Jeg har købt et nyt hæfte.
6. Jeg har spist frokost.
7. Jeg har spillet på guitar.
8. Jeg har drukket min mælk.

5
1. har været - 2. købte - 3. var - 4. drak - 5. har glemt (glemte) - 6. så - 7. har boet - 8. var - 9. har læst - 10. så

6

a	b	c	d	e	f	g
5	7	1	6	3	4	2

8
Jeg vil gerne ha' to stykker smørrebrød: et med røget ål og et med kogt skinke med asparges - en kotelet med rødkål - og to øl.

9
Text der Hörverständnisübung:

Tjener: Goddag!
Alle: Goddag!
Tjener: Hvad ska' I ha' at drikke?
Arne: Ja, hvad ska' du ha', Inger?
Inger: Jeg ska' ha' en øl! Ska' du ikke også det, Arne?
Arne: Nej, jeg vil først drikke noget varmt, det er så koldt i dag. Jeg vil gerne ha' en kop te. Og du, Lisbeth?
L: Må jeg få en kop kaffe?
Arne: Ska' du ikke ha' en øl i dag?
L.: Nej, jeg kan ikke drikke noget, jeg kører hjem. - Nå, men der kommer Grethe og Erik. Hej! Hva' ska' I ha' at drikke?
Grethe: Jeg vil gerne ha' et glas rødvin og en dansk vand. - Undskyld, ku' du sige mig, hvor toilettet er?
Tjener: Ja, det er døren derhenne.
Erik: Jeg vil gerne ha' en Hof!
Tjener: Så er det to øl. (Til Inger): Må det også være en Hof?
Inger: Ja tak.
Tjener: Altså to Hof, te, kaffe, et glas rødvin og en danskvand.

Arne: te - Inger: øl - Lisbeth: kaffe - Grethe: rødvin og danskvand - Erik: øl

13
et stykke <u>ost</u>
en kop <u>kaffe</u>
et stykke <u>wiener</u>brød
en æske <u>tænd</u>stikker
en pakke ciga<u>ret</u>ter
en flaske <u>øl</u>
et glas <u>sild</u>
en pakke marga<u>ri</u>ne
en dåse <u>fisk</u>
et glas <u>rød</u>vin

Lektion 14

1
a. en frakke - et par bukser - en jakke - et slips - 3 skjorter
b. en til to kjoler - to bluser - en nederdel - et par sko - et par støvler

3
1. Et hvidt eller et stribet slips?
2. En blomstret eller en rød bluse?
3. Stribede eller brune slips?
4. En sort eller en lysegrå jakke?
5. En hvid eller en blomstret kjole?
6. Mørkeblå eller sorte strømper?
7. Stribede eller røde nederdele?
8. Ternede eller hvide skjorter?

4
1. gule - 2. ny - 3. gammelt - 4. stor - 5. stribet - 6. små, søde - 7. ny - 8. blå - 9. stort - 10. stribede, ensfarvede

5
Folgende Reihenfolge:

Hvor har I bukser henne? - Tak skal du ha'! - Jeg vil gerne se på et par bukser. - Størrelse 42. - Jeg har tænkt på sort. - Ja, de er pæne. Hvor kan jeg prøve dem? - De her passer fint. Hvor meget koster de? - Hva'? 798 kr.? Nej, det er for dyrt. Har I ikke nogen, der er billigere? - Nå, så går jeg igen. Farvel.

6
1.a - 2.b,c - 3.a,b,c
4.a,b - 5.b,c - 6.a,c

7
1. for 14 dage siden - 2. siden 1997 - 3. altid - 4. aldrig (tit) - 5. om torsdagen - 6. snart - 7. tit (aldrig)

8

Text der Hörverständnisübung:

M: Min lille pige er væk. - Kan du hjælpe mig?
E: Ja, gerne - hvor gammel er hun?
M: Hun er fire år.
E: Hvor høj er hun?
M: Ca. 1 meter.
E: Hvad har hun på?
M: En lyserød bluse og blå cowboybukser - og så har hun sorte støvler på.
E: Hvad hedder hun?
M: Tina.
E: Vi skal nok finde hende. - Vil du gå til kasse 1.
S: Tina, din mor er ved kasse 1, vil du komme til kasse 1. Tina er fire år gammel og ca. 1 m høj. Hun har en lyserød bluse, blå cowboybukser og sorte støvler på.

1. Tina - 2. 4 år - 3. ca. 1 m - 4. lyserød bluse, blå cowboybukser, sorte støvler

Lektion 15

1
1. søde - 2. store - 3. storblomstrede - 4. sure - 5. lyserøde - 6. gamle - 7. små - 8. røde

2
1. ny/grå/brun/brune/grå
2. nye/mørkegrønne/hvide/hvide
3. ny/lysegrøn/mørkegrøn/lysegrønne/mørkegrønne
4. ny/ternet/stribet/ternede/stribede/ternede/stribede
5. blå/gul/blå/gule/hvid

3
lille: 1,3,7,8,11,12,13
små: 2,4,5,6,9,10,14

4
1. min - 2. mine - 3. mine - 4. dit - 5. dit - 6. dine - 7. din - 8. min - 9. mit - 10. dit

6
Mögliche Adjektive:
dum, ru, dejlig, doven, rig, lang, varm, krøllet, let, sur, god, tam, små, rå, grå, kort

7
meget: smør, ost, mælk, brød, mel
mange: æg, kartofler, tomater

8

Text der Hörverständnisübung:

Lars: Jeg så dig med en pige i lørdags. Er det din nye kæreste, Bent?
Bent: Ja, vi var på diskotek sammen! Hun er en dejlig pige - sød, kærlig, intelligent ...
Lars: Nå, nå - jeg ka' nu bedre li' piger me' langt hår.
Bent: Men Lars, hun har da langt hår - hun har det flotteste lange, lyse hår!
Lars: Er hun ikke lidt for tyk?
Bent: Tyk! Mand! - Det er da den slankeste pige, jeg kender.
Lars: Sig mig, Bent ... jeg så dig med en lille, tyk pige. Hun havde kort, sort hår.
Bent: Nåh, du mener Eva! Nej, jeg snakker om Gitte, jeg var på diskotek sammen med Gitte i lørdags.

1. kærlig, sød, intelligent
2. langt, lyst
3. slank

9

		gleich	nicht gleich
vand	viking	x	
syv	syvtal	x	
hav	Middelhavet		x
brev	brevet		x
kniv	kniven		x
kniv	lommekniv	x	
flyv	flyvemaskine		x
øv	øvelse		x
skriv	skrivebord		x
sjov	sjovere	x	
torv	torvegade		x

Lektion 16

1
1. mange - 2. meget - 3. mange - 4. mange - 5. meget - 6. meget - 7. mange - 8. mange - 9. meget - 10. meget

2
flere: 4,5,6,
mere: 1,2,3,7,8

3
endnu ...
1. nyere - 2. lysere - 3. mere interessant - 4. mere intelligent - 5. mere moderne - 6. billigere - 7. mindre - 8. ældre - 9. flere - 10. mere - 11. bedre - 12. større

4

1. den pæneste - 2. den dyreste - 3. den skønneste -
4. den dejligste - 5. den længste - 6. den største -
7. den mindste - 8. den bedste - 9. den ældste

5

1. København er stor, men Paris er større end København. London er størst.
2. Øl er dyrt, men vin er dyrere end øl. Whisky er dyrest.
3. Et ugeblad er godt, men fjernsyn er bedre end et ugeblad. En bog er bedst.
4. Sjælland er en lille ø, men Fyn er mindre end Sjælland. Samsø er mindst.
5. Ole er gammel, men Bent er ældre end Ole. Arne er ældst (den ældste).
6. Et tog er langsomt, men en bus er langsommere. En færge er langsomst.
7. Niels er pæn, men Erik er pænere end Niels. Per er pænest (den pæneste).
8. Camilla er sød, men Lone er sødere end Camilla. Esther er sødest (den sødeste).
9. En teenager er ung, men et barn er yngre end en teenager. En baby er yngst.

6

1. end, end, som
2. end, som
3. end, end, som, end
4. som, som, end, end

7

1	2	3	4	5	6	7	8	9	10	11	12
c	f	i	a	g	h	k	e	d	l	j	b

8

Text der Hörverständnisübung:

A: Har du set! De har ægte champagne til 40 DM?
B: 40 DM? - Ja, men det er da også mange penge. Skal vi ikke hellere købe noget vin - husk vi får gæster på lørdag. Vi kan nok få noget godt vin, der er billigere her i Tyskland end hjemme i Danmark.
A: Godt, så lad os købe nogle flasker italiensk hvidvin. Rødvinen i Danmark er altid bedre end den, man kan få her. Hvor mange flasker skal vi ta'? - Nej, har du set de dér æsker chokolade - de er næsten lige så store som skoæsker. Ska' vi ikke ta' en af dem også.
B: Jo, men la' os ta' et par stykker, så har vi også nogle til gaver.
C: Mor, er I ikke snart færdige her? Jeg vil også gerne hen og se på noget tøj. Lene købte sådan en lækker bluse, sidst hun var i Tyskland.
B: Synes du ikke, at vi har flottere farver på tøjet i Danmark?
C: Åh, mor, du ved da godt, at jeg helst går i sort tøj for tiden.
D: Og jeg vil gerne hen og se på nogle cd'er, de plejer at være meget dyrere derhjemme end her i Tyskland.
A: Ved I hvad? Jeg synes, at vi lige deler os - og så mødes vi igen her foran supermarkedet klokken fire. Så kan vi alle hver især kigge på de ting, vi har lyst til. Er det o.k.?
C: O.k. Vi ses klokken fire - præcis - her foran supermarkedet.

Familie H. interessiert sich für: champagne, hvidvin, chokolade, tøj, cd'er

9

stummes d	stummes f	stummes g
kalender	af	mandag
hvad		fødselsdag
god		Ålborg
godt		fredag
veninde		morgen
fødselsdag		
undskyld		
Tyskland		

stummes h	stummes t	stummes v
hvad	det	halv
hvor		tolv
hjem		
hvordan		

Lektion 17

1

1. Du skulle tage en taxa.
2. Jeg ville tage et værelse med bad.
3. Jeg ville flyve til København.
4. Jeg synes ikke, du skal (skulle) tage den her kuffert med.
5. Jeg synes, du skulle holde ferie. (tage på ferie)
6. Du skulle købe en længere seng.
7. Jeg ville tage færgen klokken 13.
8. Du skulle lære 25 nye danske ord hver dag.

2

rejse - bagage - kufferter - taske - taxa - stationen - trafik - for sent - toget - forsinket - passagerer - ventede

3

1. andet - 2. andre - 3. anden - 4. andet - 5. andre - 6. andre - 7. anden - 8. andet

4

1. i - 2. til - 3. uden - 4. til - 5. på - 6. om - 7. om - 8. i - 9. til - 10. på - 11. med - 12. med

5

Einrichtung	Kleidung	Ernährung	Menschen
billede	nederdel	pålæg	forældre
tæppe	kjole	kød	voksen
seng	skjorte	fløde	kvinde
stol	sko	ost	dreng
skab	trøje	æg	søskende

6

1. forsinket - 2. formiddag - 3. morgenmad

7

RØNNE'S HOTEL

8

Text der Hörverständnisübung:

A: Jeg skal til London i morgen. Kan du bestille et værelse til mig?
S: Det skal være et enkeltværelse med bad, ikke?
A: Jo, det er rigtigt.
S: Skal hotellet ligge i nærheden af lufthavnen?
A: Nej, det skal helst ligge i centrum af byen, måske i nærheden af Hyde Park. Hotellerne dér plejer at være stille og rolige.
S: Vil du ha' telefon eller tv på værelset?
A: Ja, telefon skal jeg helst ha'! Fjernsyn - nej, det er ikke så vigtigt, jeg går i byen om aftenen.
S: O.k., det skal jeg nok ordne.

rigtigt: 3, 4

9

			gleich	nicht gleich
a	den	fem	x	
b	en	den		x
c	et	det	x	
d	ven	men	x	
e	dér	er		x
f	hjem	hen	x	
g	sjette	fjerde		x
h	ved	hvem		x
i	mere	flere	x	
j	sent	selv		x
k	helt	alene	x	
l	fredag	februar	x	

Lektion 18

1

Lene står ved siden af bordet. - Erik er under bordet. - Pia står mellem bordene. - Per danser på bordet. - Jens er bag (ved) papirkurven. - Niels sidder i papirkurven. - Grete sidder foran papirkurven. - Else hænger i loftet (over bordet). - (Hr. Sørensen står udenfor).

2

1. nogen - 2. nogle - 3. noget - 4. noget - 5. nogen - 6. nogle - 7. nogen - 8. noget - 9. nogen - 10. noget

3

1. på - 2. i - 3. vest for - 4. øst for - 5. mellem - 6. vest for - 7. på - 8. vest for - 9. ved - 10. mellem - 11. på

4

1. vaske tøj - 2. besøge venner . 3. se fjernsyn - 4. læse avis - 5. holde ferie - 6. bestille bord - 7. drikke kaffe - 8. spise morgenmad - 9. lære dansk - 10. bygge hus

5

aften - hjemme - sig - ligger - læser - kigger - bog - gulvet - leger - radio - li' - se - fjernsynet - seng - går

6

1. andre - 2. anden - 3. anden - 4. andre - 5. andet - 6. anden - 7. andet - 8. anden

7

1	2	3	4	5	6	7	8	9	10
g	c	a	i	f	h	d	b	j	e

8

Text der Hörverständnisübung:

Leif: Jeg kan ikke finde mine nye sokker.
Gitte: Mener du dem, du købte i går?
Leif: Ja, det gør jeg!
Gitte: De ligger i skabet.
Leif: Dér har jeg kigget. Der er de ikke.
Gitte: Prøv og kig på bordet ved siden af fjernsynet.
Leif: Nu har jeg fundet dem! - Under fjernsynet!
Gitte: Har du set mine cigaretter?
Leif: Dem har du da altid i din taske.
Gitte: Nej, der er de ikke.
Leif: Så i køkkenskabet!
Gitte: Nej - kan du ikke lige kigge i entréen?
Leif: Jo, her er de! Og hvis du ikke kan finde dine bilnøgler - så er de altså også her!
Gitte: Hvad med billetterne? Har du dem?

Leif: Nej, dem har du da.
Gitte: Nej, men se efter, om de ligger i reolen over
          natbordet.
Leif: Det gør de ikke.
Gitte: Jo, det gør de bestemt. Kig bag radioen.
Leif: Åh, her er de!
Gitte: Nu har vi vist alt! Kom!
          (Man hört die Wohnungstür zuschlagen, etwas
          später das Anlassen eines Motors.
Gitte: Har du nogen penge med!
Leif: Næh!
Gitte: Øv, så har vi glemt pengene!

1c - 2c - 3c - Kombination von 4a+b

9

ikke	attende	otte
reoler	kopper	bøger
suppe	skole	færge
cyklen	isen	muren
kommer	hedder	ringer
ride	tale	snakke
forældre	søstre	voksne
søster	søsteren	søstrene
mange	hjertelige	hilsener
kuglepen	cigaretter	rutebilen

Lektion 19

1
1. vores ferie - 2. til Amerika - 3. tage (flyve) til Spanien. - 4. vi holder ferie i Danmark. - 5. leje et sommerhus - 6. bade og tage på fisketure - 7. vi skal tage til Ærø - 8. en brochure fra turistinformationen

4
1. mig - 2. sig - 3. dig - 4. os - 5. dig - 6. os - 7. jer - 8. sig - 9. mig - 10. sig

5
Lösungswort: LANDSKAB
1. flod - 2. hav - 3. natur - 4. vand - 5. sø - 6. skov - 7. bakke - 8. bjerg

6
1. om året (i år) - 2. sidste år - 3. sidste år - 4. i år - 5. hvert år (i år) - 6. sidste år - 7. i år - 8. hvert år - 9. sidste år

7

1	2	3	4	5	6	7	8
c	f	b	h	a	e	d	g

8
Text der Hörverständnisübung:

A: Jeg glæder mig til ferien! Det er første gang, at
     børnene ikke skal med.
B: Hva', kan du ikke li' at ha' dine børn med på
     ferie? Hvorfor ikke det?
A: Med børn er det slet ikke nogen ferie!
B: Det har du måske ret i, men det er da dejligt at
     være sammen med dem hele dagen!
A: Sikkert, men det er man da også i weekenden.
B: Nå, ja, men i ferien har man mere tid til dem.
A: Det kan godt være, men jeg skal altså også ha' tid
     til mig selv. Børn og voksne har forskellige
     interesser.
B: Det er rigtigt, men jeg synes, det er vigtigt for en
     familie at være sammen så meget som muligt.
A: Jeg synes, det er lige så vigtigt at have ferie fra
     hinanden. I min ferie vil jeg lave, hvad jeg har
     lyst til. Det kan jeg ikke altid, når børnene er med.
B: Det har du måske ret i, men jeg kunne ikke tænke
     mig at tage på ferie uden børnene.
A: Vi bli'r nok aldrig enige, la' os snakke om noget
     andet. - Hvor ska' du hen i din ferie?

A: 2 und 3; B: 1 und 4

9
piger
uge
bage
kigger
kroner
kvinder

Lektion 20

2
1. på - 2. til - 3. på - 4. til - 5. for - 6. på, af - 7. af - 8. ad - 9. til

3
Undskyld, kan du sige mig ... /
Kan du forklare mig ...

1. hvor havnen er/vejen til havnen? - 2. hvor stationen er/vejen til stationen? - 3. hvor lufthavnen er/vejen til lufthavnen? - 4. hvor svømmehallen er/vejen til svømmehallen? - 5. hvor der er en bank/sparekasse? - 6. hvor der er en købmand? - 7. hvor der er en politistation? - 8. hvor der er en blomsterforretning? - 9. hvor der er et busstoppested? - 10. hvor der er en kro/et værtshus?

6

Text der Hörverständnisübung:

Lone: Lone Hansen.

Jens: Dav, Lone. Det er Jens - Jens fra Horsens.

Lone: Jamen dav, Jens. Det er vel nok længe siden. Hvordan har du det?

Jens: Tak, jeg har det godt. Hvordan har I det?

Lone: Jo-oh tak, vi har det også godt.

Jens: Jeg er på Møn i den her uge, - og så tænkte jeg, at vi måske kunne ses.

Lone: Er du på Møn? Har du så ikke tid til at komme og få en øl eller en kop kaffe? Hvor er du henne?

Jens: Lige nu er jeg i Mønshallen. Jeg kan komme efter klokken fem.

Lone: Den er fin, så er Peter også hjemme. Kan du finde vejen til Fabriksgade, hvor vi bor?

Jens: Jeg tror, det er bedst, hvis du lige forklarer mig vejen.

Lone: Fra Mønshallen kører du lige ud ad Ulvshale-vej - ind mod byen. Du kommer først til et større gadekryds, hvor der er en benzintank. - Du skal over krydset - og videre lige ud ad Ulvshalevej - og videre ud ad Rådhusgade. - Så kommer du til Storegade ved torvet. - Her skal du køre til højre - og over torvet - og lige ud ad Storegade mod havnen. - Og videre lige ud - over broen - lidt længere henne kan du se den gamle sukkerfabrik på højre hånd. - Over for fabrikken ligger Fabriksgade på venstre hånd. Tror du, du kan finde det?

Jens: Ja, ja, jeg skal nok finde det!

Lone: Så glæder jeg mig til, at du kommer. Vil du ikke blive til middag?

Jens: Jo tak, det vil jeg gerne.

Lone: Farvel så længe!

Jens: Farvel. Vi ses!

1. Det er vel nok længe siden!.
2. Jeg tænkte, at vi måske kunne ses.
3. Har du så ikke tid til at komme og få en øl eller en kop kaffe?
4. Jeg skal nok finde det.
5. Så glæder jeg mig til, at du kommer.
6. Vil du ikke blive til middag?
7. Ja tak, det vil jeg gerne.
8. Farvel så længe!
9. Farvel. Vi ses!

7

Beispiele für mögliche Lösungen:
1. Du skal gå lige ud og så til venstre.
2. Du skal gå til højre ad Bredgade og så lige ud.
3. Du skal gå lige ud ad Storegade. Politistationen ligger på højre hånd.
4. Du skal gå til venstre og så lige ud ad Ringkø-bingvej. Campingpladsen ligger på højre hånd.
5. Gå forbi kirken og over krydset ved lyskurven. Ringvej er den første gade til venstre.
6. Du skal gå hen ad Ravnsborggade og så til højre. Forretningen ligger over for en benzintank.

8

til - til - ikke - vi - lidt

Lektion 21

1

Überprüfen Sie die Ausdrücke anhand des Lehrbuchs.

2

1. hendes - 2. hendes - 3. hans - 4. hendes -
5. hans/hendes - 6. hans - 7. hendes - 8. hans/hendes

3

1. sine - 2. sit - 3. sin - 4. sin - 5. sin - 6. sit - 7. sin -
8. sin - 9. sit

4

1. sin - 2. sin - 3. sit - 4. sit - 5. sine - 6. sine - 7. hans -
8. hendes - 9. hendes

5

1c - 2a - 3b - 4b - 5a

6

Text der Hörverständnisübung:

Erik: 98 56 47 11

Lene: Er det dig, Erik?

Erik: Hej, Lene! - Det er dejlig at høre fra dig! - Hvordan har du det?

Lene: Jeg er meget træt, men ellers har jeg det godt. Hvordan går det derhjemme?

Erik: Det går fint. Men vejret har været rigtig dumt i dag. Det har regnet hele dagen! Og nu fryser det, så vejene bliver nok glatte!

Lene: Her har vi det fineste vintervejr med solskin og frost - men vinden er kold! Nå, men vi ses i morgen! Jeg glæder mig til at komme hjem.

Erik: Og jeg glæder mig til, at du kommer i morgen
     - farvel så længe!
Lene: Hej med dig!
Erik: Hej, hej!

I København: rigtig dumt vejr - regn hele dagen - det
               fryser;
I Stockholm: fint vintervejr - solskin - frost - kold
              vind

8
a Ole
b tå
c mole
d måde
e grå
f sol
g floder
h skåle
i stol
j på

Lektion 22

1

1	2	3	4	5	6	7	8	9	10
d	j	f	a	c/h	e	i	b	c/h	g

2
1. skal - 2. kan - 3. kan - 4. vil - 5. skal - 6. kan -
7. kan - 8. skal - 9. kan - 10. vil

4
1. Gider du (ikke/lige/godt) give mig lidt mere kaffe?
2. Gider du (ikke/lige/godt) slukke lyset?
3. Gider du (ikke/lige/godt) give mig sovsen?
4. Gider du (ikke/lige/godt) gå tur med hunden?
5. Gider du (ikke/lige/godt) hente mine nøgler?
6. Gider du (ikke/lige/godt) række mig telefon-
   bogen?
7. Gider du (ikke/lige/godt) finde telefonnummeret
   for mig?
8. Gider du (ikke/lige/godt) tænde for fjernsynet?

5
1. a/c - 2. a/c - 3. a - 4. b/c - 5. c - 6. a/b/c

7
Text der Hörverständnisübung:

K: Gider du ikke lige lukke vinduet? Der er så meget
   støj fra gaden.

B: Jo, et øjeblik. - Du, vil du ikke ringe til rejse-
   bureauet i dag og be' dem om at sende os nogen
   brochurer om Paris?
K: Jo, det skal jeg nok. - Gider du lige give mig
   marmeladen!
B: Værsgo!
K: Vil du ikke nok komme hjem allerede klokken
   fem i aften, det gør jeg nemlig i dag. Så kan vi
   gøre rent sammen og gå i biografen efter
   middagsmaden.
B: Det er en god idé, jeg skal nok huske det. - Det
   er vist din tur til at rydde op i køkkenet i dag.
K: Ja, men jeg har ikke tid nu - men jeg skal nok
   gøre det, når jeg kommer hjem fra arbejde.
B: O.k. - Gider du ikke lige give mig avisen, inden
   du går.
K: Det skal jeg nok! - Værsgo! - Hej!
B: Hej, vi ses i aften!

1b - 2a - 3b - 4a - 5a - 6b

8

		gleich	nicht gleich
ord	stor	x	
godt	kop	x	
nogen	noget		x
bord	sover		x
hos	kone		x
op	skole		x
blomster	koster	x	

Lektion 23

1

1	2	3	4	5	6	7	8	9	10
e	g	a	j	c	f	h	b	d	i

2
Andere Lösungen sind natürlich ebenfalls möglich.

1. at høre den - 2. at gå i biografen med hende - 3. at
gå derhen - 4. at snakke lidt mere med hende - 5. at
købe den - 6. at se den i fjernsynet - 7. at hente den
- 8. at se den - 9. at spise dér - 10. at diskutere med
ham

3
1. Det gør jeg også.
2. Det gør jeg også.
3. Det har jeg heller ikke.
4. Det kan jeg heller ikke.
5. Det er jeg heller ikke.
6. Det kan jeg heller ikke.
7. Det gør jeg også.

8. Det kan jeg heller ikke.
9. Det gør jeg også.
10. Det kan jeg også.
11. Det gør jeg også.
12. Det har jeg heller ikke.

4
1. Inger Marie kender en mand, som/der har boet på Grønland.
2. Svend går til et kursus, som/der hedder „Sy din egen kjole"!
3. Anne har købt en computer, som hun er meget glad for.
4. De går i biografen for at se en film, som/der handler om H.C. Andersens liv.
5. Derovre går Vibeke, som jeg kender fra dansk-kurset.
6. Vil du se min nye cykel, som jeg har fået af Stine?
7. Lad os besøge min mormor, som/der er 75 år.
8. Har du set min nye bil, som jeg fik i går?

5
1. der/som - 2. (som) - 3. (som) - 4. som - 5. (som) - 6. der/som - 7. der/som . 8. (som) - 9. (som) - 10. (som)

7
1. fra, i - 2. med, i - 3. om - 4. til, i, med - 5. på - 6. i - 7. om - 8. til - 9. på

8
Dav, Søren!
Dav, Charlotte!
Vil du med i biografen?
Ja, det vil jeg gerne.
Hvad skal vi se?
Hvad med „Quo vadis"?
Nej, den gider jeg ikke se.
Nå, hvorfor ikke det?
Åh, jeg ved ikke rigtig, den er for gammel. Jeg har mere lyst til at se „Frøken Smillas fornemmelse for sne".
Jamen, det er helt i orden.
Hvornår skal vi mødes?
Jeg henter dig halv otte. Farvel så længe.
Hej!

9
Text der Hörverständnisübung:

I: Jeg har hørt, at du synger i din fritid, Lisbeth?
L: Ja, jeg synger i kor to gange om ugen.
I: Bli'r det ikke for meget?

L: Nej, slet ikke! Jeg kan godt li' at synge, og så er det mandag og torsdag, så der er nogle dage imellem.
I: Og du, Thomas, hvilken hobby har du?
T: Jeg spiller tennis. Jeg går til træning hver tirsdag.
I: Og hvad laver du i din fritid, Bo?
B: Jeg spiller violin.
I: Hvor ofte spiller du?
B: Ja, jeg øver jo hver dag. Så har jeg time hver onsdag henne på musikskolen.
I: Spiller du også i orkester?
B: Ja, det gør jeg, jeg spiller i orkester hver fredag.

navn	hobby	hvor ofte	hvornår
Lisbeth	synge	to gange om ugen	om mandagen om torsdagen
Thomas	spille tennis	en gang om ugen	om tirsdagen
Bo	spille violin	øve: hver dag	
		time: en gang om ugen	om onsdagen
		orkester: en gang om ugen	om fredagen

10
a nummer
b rund
c ung
d gulv

Lektion 24

1
Mögliche Lösungen:

1. en mand, som/der sælger piller/tabletter/medicin
2. en mand, som/der bygger/tegner huse
3. noget, (som) man kan drikke
4. en mand, som/der sælger kager/brød
5. en mand, som/der sælger mange forskellige ting
6. noget, (som) man kan spise
7. noget, (som) man kan drikke
8. noget, (som) man kan køre med

2
1. som/-
2. som/der
3. som/-
4. som/der
5. som/der

6. som/-
7. som/-
8. som/-
9. som/der
10. som/-

3

Hier gibt es mehrere Lösungsmöglichkeiten, je nach Situation. Achten Sie jedoch darauf, dass Sie jeweils nur die Grund- oder die e-Form verwenden können.

1. hjemme/ude
2. ind/op
3. ud
4. ude/nede
5. hjem
6. hjemme
7. henne
8. hen
9. ned
10. op/ned
11. hjemme/ude/oppe

4

1. Hvor længe var du på Mallorca?
2. Hvornår skal du hjem?
3. Hvornår tager du ud til sommerhuset?
4. Hvor tit kommer Preben på besøg?
5. Hvor længe har du lært dansk?
6. Hvor tit køber du ind?
7. Hvornår kommer du hjem?
8. Hvor tit kører bussen?
9. Hvor længe var du i USA?
10. Hvornår har du fødselsdag?

5

1. Hun kørte med bus. - 2. Hun kørte på cykel. - 3. Han kørte på motorcykel. - 4. Hun kørte på knallert. - 5. Hun kørte i bil. - 6. Han kom med færgen. - 7. Han tog med S-toget. - 8. Jeg ...

6

1	2	3	4	5	6	7	8	9	10	11	12
d	a	f	e	c	i	k	l	j	g	b	h

7

Text der Hörverständnisübung:

K: Undskyld, kan du sige mig, hvor der er et busstoppested?
P: Ja, der er et derovre foran supermarkedet. - Men hva' linie ska' du med?
K: Det ved jeg ikke rigtig - jeg skal til Vesterbrogade.

P: Vesterbrogade? - Så skal du ta' 2'eren. Men den kører ikke herfra. Du må gå rundt om hjørnet. Dér er der et busstoppested, hvor linie 2 holder. Med 2'eren kan du ta' til Rådhuspladsen og skifte til linie 6.
K: Tak skal du ha'!
P: Det var så lidt.

(Herbert Kienzle går hen til busstoppestedet. Han venter længe på bussen. Der er også andre, der står og venter. Herbert Kienzle spørger en dame:)
K: Undskyld, kan du sige mig, hvor tit linie 2 kører?
D: Ja, den plejer at køre hvert 10. minut, men den er forsinket. Vi venter allesammen på den.
(Herbert Kienzle og damen snakker lidt sammen. Fem minutter senere kommer bussen.)

Nr. 3 er forkert, alle andre rigtige.

8

y wie deutsches ü	y eher wie deutsches ö
sy	sytten
	fyrre
tyve	
by	
cykel	
tysk	
	stykke
(jeg) synes	
	tillykke
fly	
	begynde

Lektion 25

1

1	2	3	4	5	6	7	8	9	10
e	i	g	a	c	j	b	f	d	h

2

1	2	3	4	5	6	7	8	9	10
e	c	h	a	g	j	i	b	d	f

3

1. fri - 2. timer - 3. sprog - 4. fagforening - 5. job - 6. færdig - 7. skat - 8. larm og støj - 9. strejker - 10. stilling

4

som - med - om - som - med - på - ved - før - i - efter - ved - i

Schlüssel

5

ILARBEJDEOPSTILLINGERHVERVS
LURKONTORSVIRKSOMHEDVARLØNN
JOBTEFABRIKMURFLEKSTIDOLAVE
MERSKATPOLUDDANNELSESTJENES
OPDELTIDSJOBLISKIFTEHOLDERN
RECHEFTOANSATDENSELVSTÆNDIG
URTEFORRETNINGERFIRMAKFERIE
VASEKOLLEGALURFERIEORDNINGS
SENARBEJDSPLADSEARBEJDSLØSE
KARKANTINENFAGFORENINGRMARS
SEBØRNEHAVELSTREJKERPROBLEM
REPARATIONERTADMINISTRATION

6

1	2	3	4	5	6	7
e	c	a	b	g	d	f

7

Løgstør og Nykøbing Mors

8

Text der Hörverständnisübung:

Jeg arbejder i et firma i centrum af byen. Det meste af vejen kan jeg tage S-toget, stationen ligger i nærheden af mit arbejde. Det er et godt job. Det er meget interessant - men mange ting er nu de samme hver dag, og det kan blive lidt kedeligt. Jeg skriver, telefonerer, skriver og telefonerer igen. Jeg ordner en masse praktiske ting for min chef. - Til min stilling hører, at jeg sommetider tager med på forretningsrejse sammen med min chef. Jeg har været i München, London og Zürich. Det kan jeg godt li', og det er en skam, at det ikke sker oftere. Jeg taler både engelsk og tysk, de to sprog hører med til min uddannelse. Jeg kan godt li' mit arbejde, de fleste kolleger er søde og venlige - og det er min chef også.

1. Eva tager S-toget.
2. Hun skriver, telefonerer og ordner praktiske ting for sin chef.
3. München, London, Zürich.
4. Engelsk og tysk.
5. De er søde og venlige.
6. Hun er chefsekretær.

9

a fyrre
b køle
c syg
d løve
e fløde
f byge
g sy
h mødte
i stykke
j tyve

Lektion 26

1

1. ringer ikke til ... - 2. Vil du ikke vaske ... - 3. at Bo ikke låner ... - 4. at vi ikke kan ... - 5. om vi ikke har ... - 6. Har du ikke noget ild? - 7. at hun alligevel ikke vil ... - 8. Har du ikke en ... - 9. at hun ikke kan ... - 10. Kan du ikke hjælpe ...

2

1. til - 2. af - 3. af - 4. til - 5. på - 6. til - 7. til - 8. med - 9. til - 10. på

4

1. henne - 2. ude - 3. ind - 4. hjem/ind/ned/op/ud - 5. ude - 6. hjemme - 7. /hen/ned/op - 8. henne/ hjemme/inde/nede/oppe/ude - 9. op - 10. hen/op/ned - 11. inde/oppe - 12. hen/hjem/ind/ned/op/ud - 13. inde - 14. nede - 15. oppe

5

1	2	3	4	5	6	7	8
d	h	a	e	b	f	g	c

6

1. meget - 2. mange - 3. meget - 4. meget - 5. mange - 6. meget - 7. mange - 8. mange - 9. mange - 10. meget

7

Text der Hörverständnisübung:

D: Hov-Samsø-rutens billetkontor, goddag.

M: Goddag. Det er Martin Mundt fra Hamburg, jeg vil gerne bestille en pladsbillet til fredag den toogtyvende juni.

D: Hvornår?

M: Omkring klokken syv om aftenen.

D: Et øjeblik, jeg skal lige kigge på skærmen. Afgangen klokken syv er udsolgt, men klokken 18.15 er der ledige pladser.

M: Er der også plads til min campingvogn?

D: Lige et øjeblik - ja, det er der. Må jeg få dit bilnummer?

M: Det er HH-TE-25 38.

D: HH-TE-25 38.

M: Ja, det passer.

D: Dit bestillingsnummer er 98 65.

M: 98 65.

D: Det er rigtigt. - Husk, du skal være der et kvarter før, færgen sejler.

M: Det skal jeg nok. Hvad koster det for to voksne retur?

D: En returbillet for bil med fører koster 356 kr., for en lille campingvogn 356 kr. og for en voksen passager 118 kr., det bli'r i alt 830 kr.

M: Jeg vil også gerne bestille plads til tilbageturen.

D: Hvornår skal det være?

M: Det er tre uger senere.

D: Du kan bestille plads, når du er her den toogtyvende juni.

M: Ja, men så er det vel i orden. Tak, farvel.

D: Farvel og tak.

rigtigt: 2, 3

8

			gleich	nicht gleich
a	fløde	købe	x	
b	Jørgen	smør	x	
c	børn	høre		x
d	møde	forkølet	x	
e	besøge	første		x
f	frisør	chauffør	x	
g	sød	lørdag		x
h	dør	gør	x	
i	øl	mødre	x	

Lektion 27

1

1. Birthe er ikke glad.
2. Anne blev ikke glad for gaven.
3. Du må godt ryge her.
4. Kommer du allerede i aften?
5. Har du ikke lyst til at tage med mig?
6. Ib spørger, om middagsmaden ikke bliver kold.
7. Han rejser til syden, fordi solen altid skinner dér.
8. Lasse går ned for at se, om Charlotte allerede er kommet hjem.
9. Han siger, at alt måske bliver dyrere.
10. Mette spørger, om hun ikke må låne din cykel.

2

1. skrev - 2. drak - 3. sov - 4. så - 5. var - 6. fik - 7. kom - 8. havde - 9. sad

3

1	2	3	4	5	6	7	8	9	10
d	f	a	e	h	j(f)	b	c	i	g

4

1. går - 2. gik - 3. kommer - 4. snakkede - 5. kørte - 6. sover - 7. spiste - 8. drak - 9. spiser - 10. er

5

1. fotograferede - 2. spillede tennis - 3. roede - 4. spillede håndbold - 5. spillede bordtennis - 6. kiggede på frimærker - 7. løb - 8. fiskede - 9. gjorde gymnastik

6

Text der Hörverständnisübung:

G: Gitte.

J: Hej, Gitte! Det er Jens. Har du ikke lyst til at komme med på diskotek i aften?

G: Du, jeg kan desværre ikke i aften. Jeg skal lave lektier, jeg mangler stadig at lave matematik, fysik og engelsk.

J: Åh, det er en skam. Men vi ses i weekenden, ikke?

G: Jo! - Hej!

J: Hej-hej!

(Nu ringer Jens til Karin.)

J: Dav, Karin. Det er Jens. Jeg ringer for at spørge, om du ikke vil med på diskotek.

K: På diskotek! Du kan tro, jeg ikke skal på diskotek! Jeg gider ikke gå på diskotek - med al den støj og dårlige luft! - Hva' me' noget andet, vi kan jo lave noget andet.

J: Det gider jeg ikke rigtig i dag. Hej!

K: Hej!

(Jens ringer til Eva.)

E: Det er Eva.

J: Hej, Eva! Det er Jens. Du, skal vi ikke gå på diskotek i aften?

E: Jo, det er da en god idé, jeg vil da gerne gå ud at danse med dig.

J: Det er fint! Jeg har nemlig allerede ringet til Gitte og Karin, og de ville ikke med.

E: Hva'! Har du allerede spurgt både Gitte og Karin! Så gider jeg virkelig heller ikke gå med dig, farvel!

J: Hm, farvel, Eva!

1b - 2c - 3c

7

å wie in måned	å wie in så, sådan
måned	så
gå	sådan
små	håret
få	står
må	får

låne   nå!
måne   når
på

Lektion 28

1

Vergleichen Sie mit dem Lehrbuch.

2

1	2	3	4	5	6	7	8	9	10	11	12
e	g	a	j	c	h	b	i	l	d	f	k

3

rask - fejler - utilpas - fryser - hovedpine - syg - for-kølet - feber - influenza

4

1	2	3	4	5	6	7	8
g	h	e	b	c	d	f	a

5

1. Manden har feber.
2. Manden har ondt i ryggen.
3. Drengen er forkølet.
4. Pigen har mavepine.
5. Manden har ondt i foden.
6. Kvinden venter et barn.
7. Manden er forkølet.
8. Drengen har brækket benet.
9. Kvinden har influenza.
10. Manden har hovedpine.

6

1. Ved syv-tiden kommer Arne hjem.
2. Klokken otte kører Gitte på arbejde.
3. Klokken to kommer børnene hjem fra skole.
4. I USA har hun aldrig været.
5. Hjemme er Ole heller ikke.
6. Hver dag vil hun lære 20 nye danske ord.
7. Nu kan du godt gå hjem.
8. Af og til kan jeg godt li' et lille glas snaps.
9. Når mor kommer hjem fra arbejde, tager vi til stranden.
10. Hvis han bliver arbejdsløs, kan han ikke afbetale huset.
11. Lars kan godt hjælpe til hjemme, synes Birgitte.

7

1. Hvor længe har du boet her?
2. Hvor tit spiller du håndbold?
3. Hvornår vasker du tøj?
4. Hvornår kan du komme hen til mig?
5. Hvor længe har du ferie?
6. Hvornår har du ferie?
7. Hvor tit går du i teatret?
8. Hvor tit har du været i Danmark?
9. Hvor længe har du læst dansk?
10. Hvornår er du født?

8

Text der Hörverständnisübung:

B: Hallo!
K: Goddag. Er det Anne, jeg taler med?
B: Nej, det er datteren. Et øjeblik, nu skal jeg hente min mor.

———————

A: Det er Anne.
K: Goddag Anne. Det er Klaus. Jeg ringer for at sige, at jeg ikke kan komme til dansk i dag.
A: Nå, det var en skam. Hvorfor kan du ikke komme?
K: Jeg føler mig ikke rigtig rask i dag.
A: Det er jeg ked af at høre. Hvad fejler du?
K: Jeg er forkølet.
A: Nå!
K: Det er helt forfærdeligt, jeg har ondt i halsen, ondt i hovedet - ja, ondt i hele kroppen!
A: Har du feber?
K: Ja, lidt.
A: Du må da hellere gå i seng og ringe efter en læge.
K: Jeg ligger allerede i sengen.
A: Nå, det er da godt. - Så håber vi at se dig næste tirsdag. Når du føler dig lidt bedre tilpas, kan du jo læse lidt videre i lærebogen. God bedring!
K: Tak skal du ha'! Farvel!
A: Farvel!

Anzukreuzen ist: 1, 2, 3, 4a, 4c, 4d

10

a	fjerde	f	sukker
b	det	g	sjette
c	undskyld	h	kop
d	orden	i	øl
e	gade	j	vi

Lektion 29

1
1. Jeg vil lige fylde op.
2. Der er noget i vejen med motoren.
3. Vognen vil ikke starte.
4. Vognen bruger for meget olie.
5. Jeg vil gerne have skiftet oliefiltret.
6. Vil du ikke kigge på vognen?

2
1. trist - 2. ulykke. - 3. gik - 4. værtshus - 5. fuld -
6. standse - 7. faldt - 8. ringede - 9. ambulance -
10. straks - 11. sygehus(et) - 12. politistationen

3
1. mæt - 2. fuld - 3. lille - 4. sød - 5. kort - 6. bred -
7. tynd - 8. let - 9. kold - 10. blød - 11. sur - 12. mørk

4
i - fra - til - ind - hos - for - i - på - med - til - på

5

1	2	3	4	5	6	7	8	9	10
e	h	a	b	g	j	c	d	i	f

6
1. Hun spørger, om han vil med til udstillingen.
2. Hun spørger, om han har lyst til at gå i byen.
3. Hun siger, at hun ikke gider skrive det her.
4. Hun siger, at hun blev sur over hans brev.
5. Hun siger, at hun stod op klokken 6 i morges.
6. Hun spørger, om han ikke nok vil lave kaffe.
7. Hun siger, at hun er ked af det.
8. Hun siger, at hun tager to hovedpinepiller om dagen.
9. Hun spørger, om de skal gå en tur.
10. Hun spørger, om han har hørt, at der skete et færdselsuheld i Storegade.

7
1. Han skal tage en varm sweater på / spise så meget hvidløg som muligt / gå i sauna.
2. Han skal gå i seng / gå til læge.
   Han må ikke drikke varm whisky.
3. Han skal tage en hovedpinetablet / gå en tur.
   Han må ikke gå på diskotek.
4. Han skal gøre gymnastik.
   Han må ikke hjælpe venner med at flytte et tungt skab / arbejde i haven.
5. Han skal spise revne æbler.
   Han må ikke drikke øl og vin / spise fed mad.
6. Han skal tage det roligt / gå til tandlæge.
   Han må ikke drikke et par snapse.

8
Text der Hörverständnisübung:

Vejrudsigten fra Meteorologisk Institut: Lørdag kan der ventes opfriskende vind omkring nordvest og tørt, men efterhånden mere skyet vejr. Temperaturen stiger til omkring frysepunktet, i Nordvestjylland op til ca. 3 graders varme.
Søndag: Frisk vind fra nordvest og tørt vejr med en del sol. Dagtemperaturer mellem 1 og 5 graders varme, om natten ned til mellem nul og 5 graders frost.

Lørdag: 1 og 4
Søndag: 1 og 2

9

station	chance
motion	Charlotte
turistinformation	chef
reception	check
situation	brochure

Lektion 30

1
Lösungswort: MILJØPROBLEMER
1. miljø
2. forurening
3. levestandard
4. højskole
5. økonomi
6. politik
7. regering
8. national
9. arbejdsløs
10. valg
11. fred
12. eksamen
14. verden
14. jord

2
1. Nej, Rita er ked af, at de ikke kan komme.
2. Jo, de kan komme den 13.-15. april.
3. Nej, han er lige begyndt at læse dansk.

4. Nej, de skal først have valg i næste uge.
5. Jo, de har alle taget miljøproblemer op.
6. Det er et stort problem i hele verden, også for industrilandet Tyskland.
7. Nej, hun sender et læserbrev fra et ugeblad.

3

1. stod - 2. havde, skulle - 3. glædede, troede, var - 4. havde valgt - 5. var - 6. havde valgt - 7. interesserede - 8. ville vide - 9. kunne gøre - 10. håbede, ville møde - 12. skulle vare - 13. skyndte - 14. vidste - 15. skulle tage - 16. pakkede - 17. var, tænkte - 18. måtte glemme - 19. var - 20. tog

4

1. hverken ... eller
2. både ... og
3. hverken ... eller
4. enten ... eller
5. hverken ... eller
6. enten ... eller
7. både ... og
8. både ... og
9. enten ... eller
10. enten ... eller

5

Die natürlichste Lösung ist jeweils unterstrichen. In bestimmten Situationen ist auch die andere möglich.

1. i morgen - 2. om morgenen/i morges - 3. om fredagen - 4. om sommeren/næste sommer - 5. hver weekend/sidste weekend - 6. på søndag - 7. om lørdagen/i lørdags - 8. om aftenen - 9. i aften

6

1. om fem minutter - 2. i lørdags - 3. på søndag - 4. i weekenden - 5. i to timer - 6. i morges - 7. i aften - 8. i 3 år (for 3 år siden) - 9. i aftes - 10. om 1 time - 11. på fredag - 12. om søndagen - 13. i aften - 14. om søndagen - 15. for 6 år siden

8

Text der Hörverständnisübung:

J: Hvorfor er du på højskole, Bente?
I: Jeg er lige blevet færdig med skolen. Før jeg læser videre på universitetet, har jeg tænkt mig at lave noget helt andet.
På gymnasiet var alt det, vi lærte, meget teoretisk, her håber jeg at komme i gang med noget mere praktisk arbejde.
J: Hvad med dig, Georg?

G: Jeg har nu været arbejdsløs i et halvt år. Det er meget demoraliserende. Til sidst gad jeg ikke rigtig noget mere - jeg sov længe om morgenen, gad ikke stå op, gad ikke vaske mig, drak allerede den første øl før morgenmaden ...
Men nu kan det være slut! - Her har jeg allerede fået nogle gode kammerater. Vi er lige startet på et projekt med et lav-energi-hus.
J: Det lyder spændende! -
Og hvad med dig, Hanne, hvorfor er du på højskole?
H: Ja, jeg har været lidt utilfreds med mit liv. Her håber jeg at få nogle nye idéer om, hvordan man kan få mere ud af sit liv. Da jeg gik i skole, var det vigtigste af alt at få en god eksamen - og ikke det at lære noget. Nu har jeg virkelig lyst til at lære noget - noget der virkelig interesserer mig. Jeg har valgt økologi og drama som fag. Jeg glæder mig til at være her i de næste seks måneder.
J: I skal ha' rigtig mange tak for interviewet!

rigtigt: 1 - 2 - 5 - 7 - 9

Substantive

Singular- und Pluralformen der Substantive

Singular		Plural		
unbestimmt	*bestimmt*	*unbestimmt*	*bestimmt*	
en sofa	sofa**en**	2 sofa**er**	sofa**erne**	-er
et tæppe	tæpp**et**	2 tæpp**er**	tæpp**erne**	
en seng	seng**en**	2 seng**e**	seng**ene**	-e
et bord	bord**et**	2 bord**e**	bord**ene**	
en ting	ting**en**	2 ting	ting**ene**	-0
et fjernsyn	fjernsyn**et**	2 fjernsyn	fjernsyn**ene**	

Genitiv

sofae**ns** farve
sofaern**es** farve
turistkontoret**s** telefonnummer
Tina**s** bil
Tina Hansen**s** bil
Hans' bil/Hans's bil *oder* Hanses bil

Zusammengesetzte Substantive

I	en motor	+	**en** vej	=	**en** motorvej
	en bil	+	**et** nummer	=	**et** bilnummer

II	et land	+	**en** by	=	**en** landsby
-s-	solskin	+	**et** vejr	=	**et** solskinsvejr

III	et bad	+	**et** værelse	=	**et** badeværelse
-e-	en opvask	+	**en** maskine	=	**en** opvaskemasine

Verben

Stamm/Imperativ	Infinitiv	Präsens	Imperfekt	Perfekt
Hilfsverben:				
vær	være	er	var	har været
hav (ha')	have	har	havde	har haft
bliv	blive	bliver	blev	er blevet
regelmäßige Verben:				
arbejd	arbejde	arbejder	arbejdede	har arbejdet
snak	snakke	snakker	snakkede	har snakket
spis	spise	spiser	spiste	har spist
kør	køre	kører	kørte	er kørt
Modalverben:				
	kunne	kan	kunne	har kunnet
	skulle	skal	skulle	har skullet
	ville	vil	ville	har villet
	måtte	må	måtte	har måttet
	gide	gider	gad	har gidet

Zukünftiges ausdrücken

1. Präsens	Jeg **kommer** i morgen.
	Hun **tager** til København.
2. skal + Infinitiv	Jeg **skal se** en film med Charlie Chaplin i aften.
	Skal vi ikke **gå** på diskotek i morgen aften?
3. vil + Infinitiv	Det **vil** sikkert **regne** i morgen.
(vorwiegend bei Voraussagen)	Toget **vil være** forsinket.

Die Verwendung von Modalverben

kan	Fähigkeiten	Jeg kan ikke svømme.
	Möglichkeiten	Kan du veksle den her 500-kroneseddel?
		Vi kunne gå i biografen.
skal	Forderung/Notwendigkeit	Værelserne skal være med bad.
	Zukünftiges/Plan	Jeg skal i biografen i aften.
	Versprechen	Jeg skal nok vaske op.
	Vorschlag	Skal vi ikke tage til stranden?
	Empfehlung	Du skulle købe en ny bil.

vil	Absicht/Wille	Vi vil leje en båd i vores ferie.
	Wunsch	Jeg vil gerne ha' 4 rundstykker.
	Bitte	Vil du godt tale lidt langsommere?
	Prognose/Voraussage	De siger, det vil sne i morgen.
	Empfehlung	Jeg ville tage til Skagen.
må	Notwendigkeit	Jeg må gå nu.
	Bitte	Må jeg be' om en kop kaffe?
	Erlauben	Du må godt få en øl til.
	Verbot	Du må ikke ryge her.
gider	Bitte	Gider du lige åbne vinduet?
	Unlust	Jeg gider ikke vaske op lige nu.

Unregelmäßige Verben (nach dem „Grundbaustein Dänisch")

	Infinitiv (in Klammern: Präsens)	*Imperfekt*	*Perfekt*	
1.	bede	bad	har bedt	bitten
2.	betyde	betød	har betydet	bedeuten
3.	blive	blev	er blevet	werden, bleiben
4.	bære	bar	har båret	tragen
5.	drikke	drak	har drukket	trinken
6.	falde	faldt	er faldet	fallen
7	finde	fandt	har fundet	finden
8.	flyve	fløj	er fløjet	fliegen
9.	forstå	forstod	har forstået	verstehen
10.	fryse	frøs	har frosset	frieren
11.	få	fik	har fået	bekommen
12.	gentage	gentog	har gentaget	wiederholen
13.	give	gav	har givet	geben
14.	gøre (gør)	gjorde	har gjort	tun, machen
15.	gå	gik	er gået	gehen
16.	have (har)	havde	har haft	haben

17.	hedde	hed	har heddet	heißen
18.	hjælpe	hjalp	har hjulpet	helfen
19.	holde	holdt	har holdt	halten
20.	hænge	hang	har hængt	hängen
21.	komme	kom	er kommet	kommen
22.	lade	lod	har ladet	lassen
23.	ligge	lå	har ligget	liegen
24.	lægge	lagde	har lagt	legen
25.	løbe	løb	er løbet	laufen
26.	ryge	røg	har røget	rauchen
27.	se	så	har set	sehen
28.	sidde	sad	har siddet	sitzen
29.	sige	sagde	har sagt	sagen
30	skrive	skrev	har skrevet	schreiben
31.	skære	skar	har skåret	schneiden
32.	slå	slog	har slået	schlagen
33.	sove	sov	har sovet	schlafen
34.	spørge	spurgte	har spurgt	fragen
35.	stå	stod	har stået	stehen
36.	synge	sang	har sunget	singen
37.	sælge	solgte	har solgt	verkaufen
38.	sætte	satte	har sat	setzen
39.	tage	tog	har taget	nehmen
40	trække	trak	har trukket	ziehen
41.	vide (ved)	vidste	har vidst	wissen
42.	vælge	valgte	har valgt	wählen
43.	være (er)	var	har været	sein

Zeitausdrücke/Zeitbestimmungen

	Wann?	*Beispiele*	*Welche Zeitausdrücke?*
I	Generell	De bor altid i sommerhus Hun kan aldrig sove Jeg går altid til dansk	**om** sommer**en**. **om** dag**en**. **om** tirsdag**en**.
II	Programm Zeitplan	Vi går op i Rundetårn Vi er på Nationalmuseet Vi går i Tivoli	**om** morgen**en**. **om** eftermiddag**en**. **om** aften**en**.
III	Zukunft	Vi skal til København Lad os besøge mor	**på** fredag. **på** søndag.
		Toget går Jeg får ferie	**om** 2 timer. **om** 3 uger.
		Der er meget arbejde Jeg skal skrive breve Lad os drikke te sammen Vi går til koncert Det fryser måske Han kommer nok	i dag. i formiddag. i eftermiddag. i aften. i nat. i morgen.
IV	Vergangenheit	Vi besøgte mine forældre Han arbejdede i haven Hun reparerede vognen De så fjernsyn Jeg blev vækket kl. 5 Jeg snakkede med min chef	i går. i går formiddags. i går eftermiddags. i (går) aftes. i morges. i formiddags.
		Vi boede i Århus Hun kom hjem	**for** tre år **siden**. **for** to timer **siden**.
V	Zeitraum Periode	Jeg har ferie Vi var i Hirtshals Han snakkede i telefon	**i** 3 uger. **i** 14 dage. **i** 40 minutter.

Pronomen

	Personalpronomen		Possessivpronomen
	Subjekt	Objekt/ nach Präpositionen	
Singular			
1. Person	jeg	mig	min/mit/mine
2. Person	du/De	dig/Dem	din/dit/dine - Deres
3. Person	hun/han	hende/ham	hendes/ hans *bzw.* sin/sit/sine
	den/det	den/det	dens/dets *bzw.* sin/sit/sine
Plural			
1. Person	vi	os	vores
2. Person	I/De	jer/Dem	jeres/Deres
3. Person	de	dem	deres

Reflexivpronomen

Singular

1. Person	**jeg** vasker **mig**
2. Person	**du** vasker **dig**
	De vasker **Dem**
3. Person	**hun/han** vasker **sig**
	den/det vasker **sig**

Plural

1. Person	**vi** vasker **os**
2. Person	**I** vasker **jer**
	De vasker **Dem**
3. Person	**de** vasker **sig**

Relativpronomen

Jeg kender en mand, **der/som** kan hjælpe.
Kender du ham, **der/som** står derovre?

Har du husket bogen, (**som**) du ville låne mig?
Husker du hende, (**som**) jeg kom sammen med sidste år?

Demonstrativpronomen

	Alltagssprache			*eher Schriftsprache*
en bog	**den** bog	den her bog	(den dér bog)	**denne** bog
et hus	**det** hus	det her hus	(det dér hus)	**dette** hus
bøger	**de** bøger	de her bøger	(de dér bøger)	**disse** bøger
huse	**de** huse	de her huse	(de dér huse)	**disse** bøger

Fragewörter

hvad	was
hvem	wer
hvilken/hvilket/hvilke	welcher
hvis	wessen
hvor	wo
hvor langt	wie weit
hvor længe	wie lange
hvor mange	wie viele
hvor meget	wie viel
hvor ofte	wie oft
hvor tit	wie oft
hvordan	wie
hvorfor	warum, weshalb
hvornår	wann

Adjektive

Singular		*Plural*	
unbestimmt	*bestimmt*	*unbestimmt*	*bestimmt*
en gul stol	Stolen er gul. *aber:* den gule stol min gule stol Pers gule stol	2 gule stole	Stolene er gule. de gule stole mine gule stole Pers gule stole
et gult hus	Huset er gult. *aber:* det gule hus mit gule hus Pers gule hus	2 gule huse	Husene er gule. de gule huse mine gule huse Pers gule huse

Steigerung von Adjektiven

I		-ere	-est
	kort	kort**ere**	kort**est**
	dyr	dyr**ere**	dyr**est**
	pæn	pæn**ere**	pæn**est**
II		-ere	-st
	billig	billig**ere**	billig**st**
	langsom	langsomm**ere**	langsom**st**
III		**mere** ...	**mest** ...
	intelligent	**mere** intelligent	**mest** intelligent
	moderne	**mere** moderne	**mest** moderne

Unregelmäßige Steigerungen

god	bedre	bedst
stor	større	størst
lille		
små ⎬	mindre	mindst
lidt		
få	færre	færrest
meget	mere	mest
mange	flere	flest
dårlig	værre	værst
lang	længere	længst
ung	yngre	yngst
gammel	ældre	ældst

Vergleiche

Lene er **lige så** gammel **som** Ole.

Snaps er dyr**ere end** vin.
Øl er billig**ere end** vin.

Ortsadverbien

Richtung		*Ort, Ruhezustand*	
hen	hin	henne	
hjem	nach Hause	hjemme	zu Hause
ind	herein/hinein	inde	(dr)innen
ned	herunter/hinunter	nede	unten
op	herauf/hinauf	oppe	oben
ud	heraus/hinaus	ude	(dr)außen
over	herüber/hinüber	ovre	drüben

Wichtige Konjunktionen

at	dass	inden	bevor
både … og	sowohl … als auch	(ind)til	bis
da (fordi)	da, weil	men	aber
da	als	mens	während
eller	oder	når	wenn
end	als	og	und
enten … eller	entweder … oder	om	ob
for	denn	så (at)	so (dass)
for at	um zu, damit	selvom	obwohl
før	ehe, bevor	som	wie
fordi	weil	som om	als ob
hverken … eller	weder … noch	til	bis
hvis	falls, wenn		

Satzbau

Im Dänischen hat man ziemlich feste Regeln für die Reihenfolge der verschiedenen Satzglieder im Satz. Umstandsbestimmungen sowie das Objekt stehen immer <u>nach</u> dem Prädikat, wobei eine Ortsbestimmung immer vor einer Zeitbestimmung stehen würde, wenn ein Satz beides enthält.

Wortfolge in Hauptsätzen

Aussagesätze
   Lene drikker kaffe.
   Ole kommer fra Danmark.
   Sanne kan ikke komme i morgen.
   Vi tager til Esbjerg i weekenden.

Fragesätze
   Drikker Lene kaffe sammen med os?
   Kommer Ole fra Danmark?
   Kan Sanne komme i morgen?
   Skal vi ikke spille tennis i eftermiddag?

Fragesätze eingeleitet mit Fragewörtern
   Hvornår drikker Lene kaffe?
   Hvor kommer Ole fra?
   Hvad tid kan Lene komme i morgen?
   Hvor længe har I boet i København?

Wortfolge in Nebensätzen

…, at han kommer på fredag.
…, fordi hun er gået hjem.
…, at det bliver godt vejr.
Når du kommer hjem, …
Hvis det regner, …
Da klokken var 8, …

Inversion (Umkehrung der Satzglieder Subjekt und Prädikat)

I	**Der er** ikke nogen bjerge i Danmark. I Danmark **er der** ikke nogen bjerge. **Jeg arbejder** ikke om lørdagen. Om lørdagen **arbejder jeg** ikke.
II	**Anna har lært** dansk i fem år. I fem år **har Anna lært** dansk. **Jeg vil** først **gå** til læge på tirsdag. På tirsdag **vil jeg gå** til læge.
III	**Vi går** ikke til stranden, hvis det regner. Hvis det regner, **går vi** ikke til stranden. **Lone strikker** altid, når hendes mand går til dansk. Når hendes mand går til dansk, **strikker Lone** altid.

Stellung der Satzadverbien

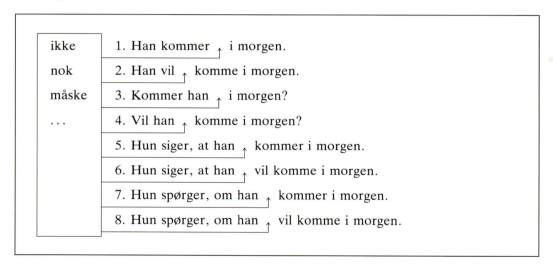

Quellenverzeichnis

Seite 13:   John Summer © Danmarks Turistråd, København
Seite 24:   Annegret Jöhnk, Norderstedt
Seite 25:   Bent Moestrup Huse A/S, Blovstrød
Seite 27:   Egeskov © Danmarks Turistråd, København
Seite 58:   Søndags-BT, København
Seite 59:   © Danmarks Turistråd, København
Seite 77:   John Summer © Danmarks Turistråd, København
Seite 97:   © Hovis, Paris
Seite 99:   Dieter Reichler © MHV-Archiv
Seite 107:   Ted Fahn © Danmarks Turistråd, København
Seite 125:   Wedigo Ferchland © Danmarks Turistråd, København
Seite 144:   Limfjordens Turistforeninger, Turistsamvirket for Nordjyllands Amt,
             Aalborg
Seite 150:   Dansk Cyklist Forbund, København
Seite 169:   T. Nebbia © Danmarks Turistråd, København